# 嵐 ARASHI
## 未来への希望

Hope for the Future

矢吹たかを

太陽出版

# プロローグ

新型コロナウイルスの影響によるコンサート、イベントの中止や延期は、遂に〝今年最大の目玉〟と言っても過言ではない、嵐の新国立競技場コンサートにまで及んでしまった。

「それ以前の中国・北京コンサート、そして嵐以外のあらゆるアーティストたちのライブが中止になり、日本の音楽界はこれまでに経験したことがない苦境に立たされています。中でも5月15日と16日に行われる予定だった『アラフェス2020』は、新国立競技場のステージに立つ最初のアーティストとして嵐の名前を永遠に刻むものですから、間違いなく今年最大の注目でした」（音楽関係者）

2018年から2019年にかけて行われた『ARASHI Anniversary Tour 5×20』ツアー〝全50公演・総動員数237．5万人〟は完走したものの、ファンにとって『アラフェス』は特別な存在であり、また旧国立競技場での『アラフェス2013』がファン心理を逆撫でする結果となっただけに、是が非でも〝新国立競技場最初のアーティスト〟の称号だけは譲れないところだ。

「嵐とジャニーズ事務所は〝何とか年内には代替開催を行いたい〟としていますが、そうなればなったで、ファンから〝もう一つの希望〟を奪うことにもなる。それを考えると簡単に年内開催を打ち出せないんですよね」

意味深な発言は、日本テレビ制作部プロデューサー氏だ。

「新型コロナウイルスの影響で、コンサートはもちろんオリンピックも来年に延期となりました。そこで取り沙汰されたのが、NHKオリンピックキャスターとして事前番組から活躍中の嵐の処遇。NHKもジャニーズ事務所も、そしてファンも望んでいるのが〝活動休止の延期〟です。決まっていた仕事を途中で投げ出すのは嵐らしくないし、オリンピック閉会までの活動延期となれば、中止になった北京コンサートをはじめ、改めてスケジュールを組み直せるかもしれない。さらに新型コロナウイルスによる自粛期間中、配信でしかファンにメッセージを伝えられず、お互いにストレスも溜まった。言葉はあまりよくありませんが、これらを一気に解消出来る〝機会をもらえた〟と考えることも可能です」（日本テレビ制作部プロデューサー氏）

ところが、だ。

『アラフェス2020』を何としても今年中に開催すべく動いているとなると、それは嵐が「予定通りに2020年一杯で活動を休止する」ということに他ならない。

嵐やジャニーズ事務所から公式に「2020年一杯での活動休止は撤回する」メッセージが発せられない限り、彼らは着実にカウントダウンへと向かっているのだ。

「そういう意味でもメンバーの一挙手一投足から目が離せませんし、流れてくる噂や情報の精度は、確度の高いもの以外は信じることが出来ません。つまり、よりジャニーズに近い、テレビ界でも幹部に近いところから発せられたものでないと、噂に踊らされるだけになってしまいますからね」（同プロデューサー氏）

本書は様々な憶測や希望的観測が飛び交う嵐の周辺、テレビ界の中枢から情報を収集し、ポジティブながらも中立の立場から、エピソードや彼らのメッセージを発信するものだ。

皆さんがご覧になり、何を感じるかはそれぞれで違うだろう。

しかし一つだけお約束することは、皆さんは本書を通し、改めて嵐のメンバーがいかに懸命に〝ファン本位〟で日々の仕事に取り組んでいるか、その姿を心に刻むことが出来るということだ。

嵐は常に皆さんの、ファンの側に立っているのだから――。

# 目次

# 嵐 ARASHI
未来への希望

*1st Chapter*

# 大野智

## 未来への希望

Satoshi Ohno

Hope for the Future

## 嵐活動休止後に始まる〝第二の人生〟

『「少年老い易く学成り難し」――ってことわざがあるじゃん。
ぶっちゃけ屁理屈のように聞こえるかもしれないけど、
少年がそんなに老いやすいんだったら、
青年はもっと老いやすいんだよね？……って、
酔っ払いながら考えてみた（笑）』

口では皮肉のように毒づいているものの、実は最近、密かな〝計画〟を考えていて、心の中はかなり揺れている大野智。一体、その計画とはどんなことなのだろうか――。

「大野くんと盛り上がったのは今年の正月明けです。珍しく連絡があって、少し落ち着いたから〝食事でもどうですか〟と。今は一緒に番組をやっていませんが、皆さんの想像よりも(?)義理堅い男ですよ」

かつて大野智が主演した日本テレビ『怪物くん』制作スタッフ氏は、今年に入って1週間ほど経った頃、大野智から誘いの連絡を受けたという。

「〝珍しく〟と言ったのは、大野くんから連絡をもらう時は、だいたいが上島(竜兵)さんと飲んで酔っ払っているとか、そういうパターンが多いからです。わざわざ会う日時を約束する連絡なんて、ここ何年ももらってませんからね」(『怪物くん』制作スタッフ氏)

それゆえスタッフ氏は、すぐに「(相談事でもあるのかな)」とピンと来たそうだ。

「だから中目黒の焼鳥屋の個室を予約しました」(同制作スタッフ氏)

専門店ゆえの希少部位や日本各地の地鶏を味わいながら、ワインが進んだという大野と制作スタッフ氏。

ちょうどいい塩梅で酔い始めた頃、大野が口にしたのが冒頭のセリフだった。

『俺、思うんですけど……』

――と前置きをして、

『「少年老い易く学成り難し」――ってことわざがあるじゃん。
ぶっちゃけ屁理屈のように聞こえるかもしれないけど、
少年がそんなに老いやすいんだったら、青年はもっと老いやすいんだよね？
……って、酔っ払いながら考えてみた』

――と言って笑った大野。

「最初は単なるネタというか皮肉かと思ったんですけど、続けて彼がこう言ったんです」（制作スタッフ氏）

さて大野は何と言ったのか――。

『だから俺には〝学ぶ〟時間が短い。
だって今年の11月で40才になるんだもん』

1980年11月26日生まれの大野は、この時、まだ39才になって2ヶ月も経っていなかった。
しかし大野に言わせると――

『40才になって嵐を休むわけだから、40才から第2の人生をスタートさせるようなもの』

――だそうで、その第2の人生において、

『勉強したい。
勉強しなきゃ俺、何も知らないから』

――と痛感していたのだ。

「有名な話ですが大野くんは高校を数日で退学して、いわゆる学校で習う勉強には、高等教育以降、まったく触れてこなかったと言っても過言ではありません。もちろん必要に迫られて〝知識〟は得てきましたが、仕事や私的な興味以外のことにはほぼ無縁。そしてそれでも、何不自由なくトップアイドルとして芸能界の頂点に立っている。しかし嵐の活動休止まで1年を切り、『無性に勉強したい欲が出てきた』――というのです」（同氏）

趣味の世界を広げるためにも、また新たな目標を定めるためにも、より多くの知識を身につけたい。

大野は――

『自分にそんな気持ちが芽生えるとは想像もしてなかったし、でもそんな自分にワクワクする』

――と語った。

「僕も何だか嬉しかったですね。単純に活動休止して〝休みたい〟というよりも、ポジティブな大野くんのほうが好きですから」(同氏)

かつてV6の井ノ原快彦が高校に編入して卒業、あるいは関ジャニ∞の横山裕と大倉忠義が高卒認定資格を取ったが、果たして大野はどんな〝道〟を選ぶのだろうか。

嵐活動休止後に始まる大野智の〝第二の人生〟は、どんな人生になるのだろうか――。

## 大野智に表れた〝心境の変化〟

『〝二度と同じ失敗はしない！〟とか力むからダメなんだよ。二度でも三度でも四度でも、同じ失敗をすればいいじゃん。きっとそのたびに少しずつ前に進んでいるんだから』

なかなか思うように番組作りが出来ないと溢す制作スタッフに対し、大野智が自らかけた言葉。大野にしては（？）熱い言葉。

「本当はタレントさんに、それも番組の内容について〝迷ってる〟などと打ち明けること自体、一《いち》スタッフとして恥ずかしい行為なんですけどね。でも最近の大野くんは達観しているというか、まるで観音菩薩のような優しいオーラに包まれている。何を相談しても導いてくれそうな、そんな雰囲気をまとっています」

日本テレビ『嵐にしやがれ』制作スタッフ氏は、今年に入ってからの大野には「上手く説明出来ませんが、明らかに去年までとは違う空気感が漂っている」と語ってくれた。

「収録そのものは新型コロナの影響で3月半ばからストップしているので、今（※4月下旬）の彼はわかりません。しかし明らかに今年の彼は変わりました。仏様、特に観音様のような柔和な顔つきになり、肩の力がスーッと抜けているような……。まあもともと、力むというか意欲を表に出さないタイプではありましたけどね」（『嵐にしやがれ』制作スタッフ氏）

制作スタッフ氏が語ってくれたように、嵐のレギュラー番組を担当するTVマンのほとんどが、大野智の〝変化〟に気づいている。

しかしそれは一定の変化ではなく、人によって様々だ。この制作スタッフ氏のように「達観した雰囲気に包まれている」と言う者もいれば、他のエピソードにもあるように「意欲的なヤル気に溢れている」と言う者も。

その違いがどこにあるのかは、おそらくは大野本人との関係性にあるのだろう。

「そうかもしれませんね。僕の場合、大野くんに向けて〝今から年末に向けて『大野智スペシャル』を仕掛けていきたい〟と鼻息が荒かったので、それをたしなめるというか、落ち着かせてくれたのかもしれません」（同制作スタッフ氏）

今後、活動休止に向けて多少のスケジュール変更を余儀なくされるだろうが、この時点での大野の心境は「いよいよ（休止前の）最後の1年が始まる」に他ならない。

悔いのないように、ファンに最高の嵐を届けるために、スタッフとの関係は変化というよりも〝進化〟が正しいのではないだろうか。

「確かに〝進化〟のほうがしっくり来ますね。去年までの大野くんなら、絶対に言わないポジティブなセリフでしたから」（同氏）

先に挙げた〝年末に向けての大野智スペシャル〟について、その仕掛け方法を迷っていると打ち明けた制作スタッフ氏。

すると大野はまず「失敗したっていいじゃん」と笑顔で前置きし――

『最初から完璧を求めなくてもいいんじゃない？』

——と続けたそうだ。

まったく想像もしていなかったセリフなので、制作スタッフ氏が〝えっ!?〟と呆気に取られていると大野は——

『〝二度と同じ失敗はしない！〟とか力むからダメなんだよ。二度でも三度でも四度でも、同じ失敗をすればいいじゃん。きっとそのたびに少しずつ前に進んでいるんだから』

——と言ったそうだ。

「その時、いかに自分が時間というか年末までの〝期限〟にとらわれていたか、ハッと気づかされました」（同制作スタッフ氏）

その時の大野の顔には――

『Aさん（制作スタッフ氏）が納得するまで何度でもつき合うよ』

――を意味する笑顔があったという。

「正直に言いますけど、これまでに釣り関連の企画以外、誰よりも〝無駄が嫌い〟なのが大野くんでしたからね。まさかそんな、無駄を承知でアドバイスしてくれるなんて……」（同氏）

活動休止を前に、大野智に表れた心境の変化。

それは大野にとっての〝進化〟なのかもしれない――。

## 〝今を生きる〟――大野智の運命

『嵐をずっとやってきて、一つだけわかったことがあるんだよね。
人生には近道も回り道もない、
自分が歩いてきた道だけが〝運命の道〟だったと。
だから〝もし嵐じゃなかったら？〟とか、
〝もしジャニーズじゃなかったら？〟……とか、
考えても何も変わらない。
今を生きるのが俺の運命』

「もし自分が嵐のメンバーに選ばれなかったら?」「もし十代のうちにジャニーズを退所していたら?」……などと考えても、その答えは永遠に出るはずがない。大切なのは〝今を生きる〟こと。改めて伝えたい大野智からのメッセージ。

「最初は（スタジオ）前室でユーチューバーの話をしていたんです。小学男子の夢は1位がユーチューバーだって。そうしたら大野くんに『今の仕事って昔からの夢が叶った感じ？ それとも他に何か夢があったの？ サッカー選手とか野球選手とか』――と聞かれて、〝昔からの夢ではないけど、大学生の頃からテレビ局志望だ〟と答えました。『超普通』――と大野くんに笑われましたけど（笑）」

フジテレビ系『VS嵐』制作スタッフ氏は、実は少し前から大野智に「活動休止になってもYouTubeで動画配信するとファンが喜ぶ」などと勧めていたという。

「釣りチャンネルはたくさんありますし、大野くんに言わせると〝神〟的なアングラー（釣り師）もYouTubeで動画を配信しているので、いつも〝つい朝まで見ちゃう〟そうです。ただし自分がやることについては『活動休止中じゃなければ（やってみたい）』――という言い方に留めてましたけどね」（『VS嵐』制作スタッフ氏）

昨年10月9日に開設された嵐のYouTubeチャンネル『ARASHI』は、2020年4月末現在でチャンネル登録者数約284万人、動画再生（視聴）回数約2億4,700万回と、当然のように日本のユーチューバー屈指の人気を誇っている。

期間限定公開とはいえライブツアー『untitled』の再生回数は1,100万回を超え、『アラフェス2012』もわずか1週間で軽く800万回を超えた。

また今後も5人全員がリモート出演しての〝紙芝居〟など、続々とメッセージ動画を配信する予定とも聞く。

そんな人気コンテンツが2020年一杯で終了するのは確かに惜しいし、たとえ一人ずつでも動画をアップしてくれれば、ファンとの絆もしっかりと結ばれたままでいられるのではないだろうか。

もちろんYouTubeだけではなく、公式Twitter、公式Facebook、公式Instagram、公式TikTok、公式Weiboと、現在稼働中のSNSすべてについても言えるが。

「そんなYouTubeの話から小学生の男の子の夢の話になって、僕の夢を聞かれました。すると大野くん自身『**誤解されたくないけど**』と言って、自分の夢は『**嵐ではなかった**』――なんて続けたんですよ」(同制作スタッフ氏)

ジャニーズ事務所を退所して「絵の勉強をしたい」と考えていた大野にとって、嵐のメンバーに選ばれたことは〝その当時の夢〟から外れていたのは確かだろう。

しかし逆に「絵を描いていきたい」と願ったことも、決して〝将来の夢〟と言い切れるほど強い想いでもない。

嵐としてデビューすることを〝受け入れた〟大野は、改めてこう語る――。

『嵐をずっとやってきて、一つだけわかったことがあるんだよね。
人生には近道も回り道もない、自分が歩いてきた道だけが〝運命の道〟だったと。
だから〝もし嵐じゃなかったら？〟とか、
〝もしジャニーズじゃなかったら？〟……とか、
考えても何も変わらない。
今を生きるのが俺の運命』

——と。

「〝活動休止から戻ってくるのが運命であれば、自分はまた嵐のメンバーとしてステージに立つ〟——大野くんの言葉はそんな意味も感じられました。今を生きる先に、大野くんのそんな未来が訪れること、信じたいですね」（同氏）

大野が生きる〝運命〟が、この先どんな未来を紡いでいくのかは誰にもわからない。
しかし、大野が活動休止後に再び〝嵐のメンバー〟としてステージに立つ日が来ることを、ファンのみならず、誰もが願っているだろう——。

大野智フレーズ

『俺は面白いリアクションやボケ、
ツッコミが出来ないことを自覚しているから、
サッカーでいえば確実にゴールに入る場面にならないと、
シュートをしない。
野球でいえばヒットを打てそうな球が来るまでバットを振らない』

〝バラエティ番組に出演する時、いつも心掛けていることは？〟
と尋ねられた大野智が、熟考の末に捻り出したセリフ。

大野智フレーズ

『コンサートで俺の団扇を見つけて嬉しいのは、
その団扇を何時間もかけて作ってくれて、
その間はずっと俺のことを考えてくれていること。
団扇の数が増えたとか減ったとか、そんなことはどうでもいい。
正直、そんなファンのみんながいなければ、
俺は10年前に家出してでも嵐を辞めていたよ』

大野智のファンに対する想いを象徴するのが、このセリフだろう。

**大野智フレーズ**

『前に松潤のセリフでカッコいいのがあったんだよな～。
確か「ライバル？ 明日の自分ですね」——ってヤツ。
俺も使おうと思ったんだけど、
逆に言えば「昨日の俺に負ける、今日の俺」——になるワケで、
それは少しイヤかも（笑）』

大野智の〝迷言〟にかかれば、松本潤の〝名言〟も形無し。しかしなるほど、芸術家らしい〝ななめ目線〟かも？

## 本心と未来への決断

東京オリンピックの延期が決まった直後から囁かれ始めた〝活動休止延期〟の可能性。

嵐のニュース（……と言えないものまで含め）が一つ出るたびに、無理矢理こじつけて週刊誌ネタにされるのは、国民的スターの宿命ではあるのだが……。

「最近は嵐の〝暇ネタ〟をいつでも使えるように、各誌ともストックしていると聞いています。酷いところでは、ジャニーズ事務所から嵐とは関係がない主催公演の中止が発表されると、たとえ数行でも嵐に関するネタを付け加え、タイトルには〝嵐〟の名前をデカデカと打つ。完全に読者を騙す詐欺行為ですが、しかし嵐は嵐で二宮の結婚や櫻井のベトナム、ハワイ婚前旅行など、断続的にスキャンダラスな話題を提供してくれる（?）ので、メディア側も準備せざるを得ないんですよ」（芸能ライター氏）

記事の信憑性はさておき、各メディアとも様々な根拠や論調で記事を展開するものの、実は行き着く先は、

「延期するかどうかは大野智の気持ち次第」

――などと、あたかも大野に決断を迫るかのような、もっと言えば責任を押しつけるかのような、何とも腹立たしい〝結び〟が大半を占めている。

「確かに活動休止の記者会見では、大野くんが『**僕に責任がある。僕が脱退を言い出した**』――というような発言をしましたが、それは彼自身が『**全部俺のせいでいいから**』と、リーダーの男気を見せたからです。松本潤くんを筆頭にメンバーは『**残る4人だけで嵐はやらない**』――と意思表示をしたと聞いていますが、さて本心はどうでしょう。大野くんが言い出しっぺなのは間違いありません。でもそれに都合よく〝乗っかった〟メンバーがいてもおかしくないですよね」

大野とは10数年来のつき合いだというベテラン放送作家氏は、ここ数年の大野の様子から、

「大野くんの本心は『**自分だけが辞めて、4人で活動して欲しかった**』――のだと思います」

――と、苦悩する様子を〝今だから〟明かしてくれた。

「一番苦しんでいたのは2018年の新年、年が明けてからですね。僕の家で美味しい日本酒を空けながらアニマルプラネットの〝世界の怪物魚〟みたいな番組を見ていたら、ボソッと大野くんが『**俺がアマゾンで怪物魚に喰われたら、嵐は4人でやってくれるかな**』――と、僕の酔いが一気に冷めるようなセリフを呟くんです。もちろん冗談でしょうけど、思わず〝病むなよ！〟とツッコんでしまいました（苦笑）」（ベテラン放送作家氏）

この時、放送作家氏は大野からハッキリと「〝ジャニーズを辞めたい〟とは聞いていない」ものの、言葉の端々に「〝辞めてもいい〟とは思っていそうな」空気を感じ取っていたという。

「だいたいは、いつも少しいい気分で酔っ払っている時ですが、大野くんは何の脈絡もなく**『俺なんかファンがいなかったら、どんな人間になってるかわかんないよ』とか、『ファンがいなかったら、蕎麦打ち職人かピザ焼き職人になっていたかも』**——なんて言い出すんですよ」

それは旧知の仲の放送作家氏に「その先」を聞いて欲しかったのではないか。

自分から何かを〝言い出す〟のではなく、聞かれたから〝答えた〟体裁が欲しいのだ。

「**僕もそう思いました。だからこそ〝聞かなかった〟のです。大野くんが口にする言葉が怖かったので**」

大野の〝本心〟を知ってしまうことを恐れた放送作家氏は、大野に〝その先〟を続けさせないように、他の話題を振って場の空気を切り替えたそうだ。

「もちろん〝これは話をちゃんと聞かなきゃいけない〟時は話を聞いていましたよ。その中で、ちょっと印象的だったのは、滝沢くんがタレント活動を引退して裏方に回ると発表した直後、大野くんが**『タッキーは俺の後輩だからね。アイツのほうがジャニーズに入ったの半年遅いし、年も1個下だから』**——と言い出した時です。〝あれっ、もしかして滝沢くんと何かあったのかな?〟……と普通は思いませんか」（同放送作家氏）

大野も入所から2ヶ月でジャニーズJr.として初舞台を踏んでいるが、何しろ相手はジャニーズJr.ブームを作った立役者で、しかも史上有数の超エリート。

何度も退所を願い出たり、自ら進んで京都に活動の場を求めたりと、言葉は悪いが裏街道からCDデビューにこぎ着けたのは、東京Jr.出身者では大野しかいないのでは。

「嵐の他のメンバーは滝沢くんと同い年の櫻井翔くん以下、みんな滝沢くんより年下で、Jr.になったのも滝沢くんより遅い。さらに言えば滝沢くんが牽引したジャニーズJr.ブームの申し子たち。これはあくまでも僕個人が感じることですが、大野くんはジャニーさんがいたからこそ〝活動休止〟を受け入れましたが、滝沢くんが事実上ジャニーズ事務所を仕切っている今、大野くんが積極的に嵐に戻る理由は〝ないに等しい〟としか感じないんですよね」(同氏)

嵐が活動休止会見を行った時と今では、大野をめぐる環境にも変化が訪れたことは間違いない。

「たとえジャニーズ事務所が今後どんな条件を提示したとしても、金銭的な部分で大野くんの気持ちが動くとは思えません。やはりさっきも触れましたが、酔った時に溢れた本音、『**俺なんかファンがいなかったら、どんな人間になってるかわかんないよ**』――あたりに、彼を繋ぎ止めるヒントがあると思います」(同氏)

かつて大野はこう言ったことがある——。

『やっぱりさ、仕事で笑える自分は幸せだし、
みんなが笑ってくれると、もっと幸せなんだよ。
メンバー、ファン、スタッフが』

メンバー、スタッフ、そして何より一番大切なファンのために、大野智は嵐活動休止後の〝自分の未来〟

について、どんな決断をするのだろうか。

すべての人の笑顔のために——。

## 〝ユーチューバー大野智〟誕生の可能性

その噂を最初に耳にした時には、いくら〝確かな情報源〟からのネタとはいえ、さすがに「まさか⁉」と疑心暗鬼の声しか出なかった。

何と活動休止に入って半年あたりを目処に、「大野智がＹｏｕＴｕｂｅ配信を行う企画が進行している」というではないか。

正直なところいまだに信じてはいないし、実際にチャンネルが開設されるまでは信じることもないだろう。

しかしここ半年あまり、大野が〝ユーチューバー活動〟に興味を持ったとしてもおかしくはないぐらい、彼《か》の業界は活況を呈している。

「チャンネル開設から3ヶ月で登録者数200万人を軽く突破した江頭2：50の〝エガちゃんねる〟を筆頭に、続々と芸能人がＹｏｕＴｕｂｅ界に参戦。完全に〝狩り場〟と化しているので、僕らにとっては脅威です」

話してくれたのは、中堅ユーチューバーの某氏だ。

「もともとの芸風がYouTube向きのエガちゃんは特別としても、たとえば実家に帰省するシーンや普段の日常、質問コーナーなど、今年の2月からフワッとした動画ばかり投稿している川口春奈(『はーちゃんねる』)が意外にハマり、間もなく登録者数100万人に到達するほど大ブレイク。YouTubeとタレントの親和性はそれこそ動画の内容を見てからでないとわかりませんが、新型コロナの影響で番組収録や営業が飛んだ〝芸人枠〟や、グラビア撮影が飛んだ〝グラドル枠〟など、まさに雨後の筍のように芸能人ユーチューバーが増えています」(中堅ユーチューバー氏)

とはいうものの、先ほどは〝脅威〟と言いながらも、表情と口振りには余裕しか感じないのは気のせいか?

「川口春奈の……というか美人女優の底力は脅威ですが、さほど売れていない芸人のチャレンジ配信やグラドルのメイク配信は、早々に淘汰されるでしょう。ただやっぱりジャニーズは強力なファン層がついているので、間違いなく脅威でしかありません。チャンネル登録者数はもちろんですが、動画の再生回数は作品の価値を証明するもの。一人のファンが100回再生し、それが1万人いれば数日間で100万再生を確実に達成しますからね」(同氏)

活動休止とはあくまでも〝嵐〟に限るので、発表された際にも大野以外のメンバーは、「個人活動をしながらリーダーの復帰を待つ」ことが強調された。

しかし休業に入る大野も――

**『定期的に報告したほうがいいのかな?**
**写真とか撮って、ファンクラブに』**

――など、応援してくれるファンに対しては、何らかの形で近況を伝えることを考えてもいるようだ。

「その点、YouTubeはわかりやすいですからね。凝り性の大野くんですから、そのうち〝編集も自分でやろうかな〟と言い出すぐらい、ハマるかもしれませんよ」

活動休止中に大野が「YouTube配信を企画している」という情報を話してくれたのは、日本テレビ『嵐にしやがれ』制作スタッフ氏だ。

「去年、嵐が公式チャンネルを始める結構前から、大野くんはよく『YouTubeめっちゃ面白い』――と口にしていたんですよ。といっても魚を釣る動画ばかり見ているそうですけど。もちろん彼がYouTube配信するとしたら、しばらくは釣り動画一辺倒になるでしょうね」

確かに〝釣り動画〟の人気は高く、船を含む海釣りにせよ渓流釣りにせよ、普段は見られない大野の〝釣り師〟姿は、ファンにとってはたまらない配信になるだろう。

「しかもテレビの釣り企画などではなく、完全なプライベートですからね。その一挙手一投足が〝大野くんの今〟を映し出すわけで、大野くん自身も『ファンの安心材料になるなら考えたい』——と、前向きな様子でした」（『嵐にしやがれ』制作スタッフ氏）

果たして活動休止中のＹｏｕＴｕｂｅ配信が可能になるのか?

嵐活動休止後の大野の動向を知ることが出来る〝大野智チャンネル〟開設がアナウンスされれば、ファンにとっては最高のプレゼントになるだろう。

## 続編制作に首を縦に振らなかった〝本当の理由〟

5月11日の月9枠でオンエアされた『鍵のかかった部屋 特別編』は、ご存知の通り、大野智の月9ドラマ初主演作『鍵のかかった部屋』の再編集版だ。

大手警備会社に務める防犯ヲタクの主人公が、弁護士に協力して密室トリックを暴いていくストーリー。

およそ月9の主人公とは思えないほど独特なキャラクターだったが、常に冷静沈着かつマイペースな主人公・榎本径の無機質な芝居は、間違いなく大野だからこそハマった、まさに〝役者・大野智〟の代表作と呼ぶにふさわしい作品だろう。

連ドラはちょうど8年前、2012年4月クールに放送された。

最終回では玉木宏演じる最大の敵役との頭脳戦の末に、盗まれたダイヤモンド1億円分を偽物とすり替え、海外逃亡するかのような思わせぶりなシーンで終わる。

「実は嵐はこれまでに月9枠で6本しか主演作がなく、それも松本くんが3本、相葉くんが2本、大野くんが1本で、櫻井くんと二宮くんは主演していません。もちろん2人ともフジテレビのドラマには主演していますが、月9王道の恋愛モノではなく、メンバー同士のイメージが被らないような戦略によるものでしょう。その6本の月9で、この作品が全話平均視聴率16%と、最も数字が良いのです」（テレビ情報誌記者）

ちなみに嵐の〝恋愛モノ〟といえば松本潤だが、その松本も2014年1月クール『失恋ショコラティエ』以来、丸6年間も月9に主演していない。

さて話は『鍵のかかった部屋』に戻るが、先にお話しした最終回の展開は、いかにも続編が制作されることを暗示させるかのようだったが、残念ながら2014年1月の新春ドラマスペシャルに留まり、本格的な続編は作られなかった。

「共演の戸田恵梨香さんは『LIAR GAME』『SPEC』『コード・ブルー』『BOSS』など、シリーズ物に強い女優として知られています。また大御所の佐藤浩市さんも『**面白かった。彼もいいね。嵐はみんな達者だよ**』――と、大野くんだけではなく嵐のメンバーとの共演も多く、しかも好印象。当時、制作サイドもシリーズ化を見越して佐藤さんや戸田さんをブッキングしたんですけどね」

2012年の連ドラにスタッフとして加わっていた現ドラマプロデューサー氏は、間違いなく〝今だから明かせる〟その舞台裏を話してくれた。

「正直なところ、マネージメント側はGOサインを出してくれていました。僕らは大野くんにその気になってもらえるように、榎本（主人公）の事務所セットに結構な予算をかけて仕上げたりと、環境を整えて盛り上げたんですけどねぇ（苦笑）」（ドラマプロデューサー氏）

最後まで大野は首を縦に振ってくれなかったわけだ。

「さらにオンエア後、10月に発売した連ドラのBlu-ray BOXがオリコンチャートのBlu-rayランキングで、連ドラ作品として史上初の1位を獲得した。つまりそれだけ視聴者の満足度が高く〝シリーズ化が待ち望まれている作品だ！〟と、何度も何度もプッシュをかけたのですが……」（同氏）

実現したのは新春ドラマスペシャルのみだった。

「大野くんは〝聞く耳を持たない〟タイプではないので、僕らの話もちゃんと聞いてはくれるのです。その上で『**少し考えさせて**』――と言ってはくれるのですが、マネージメント側から返ってくるのはいつも〝ごめんなさい〟ばかり。何とかスペシャルはOKしてくれたので、それを足掛かりに『**鍵のかかった部屋 Season 2**』を願ったものの、やっぱりダメでした」（同氏）

それにしてもなぜ、大野はそこまで続編を拒んだのか。

5月11日に急遽『特別編』がオンエアされると決まった時には——

**『とても思い出深いドラマ。**

**ご家族揃って一緒に（トリックの謎を）お考え頂き、楽しんで頂けたら嬉しいです』**

——と、かなり前向きなコメントを発しているのに、だ。

そこで我々は、大野と親しい関係にある協力者に〝シリーズ化を断った本当の理由〟を、大野自身に直接尋ねてもらったのだ。

その結果、大野本人から返ってきたのは、次のような答えだった。

『それはひと言で言えば、俺の集中力というか〝持続力が持たない〟のが理由。

そもそも俺なんて演技が上手いわけでもないのに主役をやらせてもらって申し訳ないから、
連ドラの現場には、いつも以上に気持ちを高めて入るんだよね。

その緊張感も好きだったりするんだけど、そんなに長くは続かないんだよ。

あともう一つは、それだけ集中して真剣に取り組むから、1作だけでお腹いっぱい。

2作目なんて満腹で動けないって(笑)』

――それが大野自身が明かしてくれた理由だった。

なるほど。つまりは全身全霊で作品(ドラマ)に取り組むからこそ、〝その1作で完結したい〟ということだろう。

まさにそのスタンスこそが、役者としての大野智の矜持に他ならない。

彼の演技、そして作品が視聴者を魅了してやまないのも、大野の〝役者魂〟が込められているからに違いない。

それだけの魅力を秘めた〝役者・大野智〟の演技を、いずれまた目にする日が来ることを切に願う――。

嵐 ARASHI
未来への希望

*2nd Chapter*

# 櫻井翔

## 未来への希望

Sho Sakurai

Hope for the Future

## 〝ハッピーが増えますように〟──嵐5人がライブに込めた想い

『ジャニーズのみんなで、
〝皆さんが笑顔に、勇気が出るような、楽しんで頂けるような、
そんなものがお届け出来たらな〟──と思います。
皆さんのハッピーが、ぜひ増えますように』

4月1日、ジャニーズ公式YouTubeチャンネルで特別配信された、横浜アリーナからのライブパフォーマンス。無観客ながらも通常のコンサートに匹敵する演出が施され、5人の〝本気〟が伝わる配信ライブ。

そこには「皆さんのハッピーが、ぜひ増えますように」──という、メンバーの強い想いがあった。

「櫻井くんが『ジャニーズのみんなで』――と語り始めたように、嵐のライブではあるけれど〝嵐だけの想い〟じゃない、特別配信を締めくくる最高のライブでした」(アイドル誌編集者)

3月29日から31日までの3日間、ジャニーズ公式YouTubeチャンネルで特別配信された『Johnny's World Happy LIVE with YOU』には、まず初日(29日)にSexy Zoneや関ジャニ∞、ジャニーズWESTらが。

2日目(30日)にはHey! Say! JUMP、Kis-My-Ft2、King & Prince、KAT-TUNら2日間で合計13組が横浜アリーナのステージに登場。

3日目(31日)には、その総集編が配信された。

「それだけでも十二分にファンは楽しめたのに、まさか4月1日に嵐が横浜アリーナからライブを行うとは。テレビ関係者でさえ、中には〝エイプリルフールだから始まるまでわからない〟と疑う者もいたほどです(苦笑)」

テレビ朝日『ミュージックステーション』制作スタッフ氏は、「本当は僕らがそういうことをやらなきゃいけないのに、ウチの番組はオンデマンドに対応していないから……」と、残念そうに語る。

「聞いた話ではジャニーズの特別配信は総集編までの3日間で終了する予定だったところ、嵐メンバーが**『そんな素晴らしい企画をやるなら嵐も参加したい』**――と滝沢くんに直談判し、プラス1日、横浜アリーナを押さえたといいます。ジャニーズのコンサートスタッフは横アリに慣れてますが、それでも急遽のスケジュールに対応するのは大変だったでしょう。でも嵐の5人に**『やるならガチにやりたい』**――と言われて、意気に感じないスタッフもいないと思いますね」(『ミュージックステーション』制作スタッフ氏)

なるほど。それで客席に3万5千の電飾を用意したり、特効(※銀テープや桜吹雪、火花など)も手慣れていたわけか。

「さらに演出スタッフは、松本くんに**『翔くんが〝どうしても桜吹雪は入れて欲しい〟と言っている』**――と頼まれたそうです。それは櫻井くんが、**〝卒業式が出来なかった人のために雰囲気を味わってもらいたい〟**意図があったからだとか」(同制作スタッフ氏)

さすが『news zero』のキャスター、いかにも彼らしい気配りだ。

配信が終わった後、櫻井は――

『誰よりも俺たちが楽しんでいたんじゃない?』

――と笑顔で語り、さらに、

『ライブが4ヶ月ぶりなのもあったけど、俺たちが楽しまなきゃ絶対に伝わらないからね。
伝わらないとハッピーに出来ないもん』

――と、手応えを感じていたという。
ちなみに嵐のライブも加えた3日間のダイジェストも、4月末までにおよそ740万回再生されている。

『ジャニーズのみんなで、
〝皆さんが笑顔に、勇気が出るような、楽しんで頂けるような、
そんなものがお届け出来たらな〟――と思います。
皆さんのハッピーが、ぜひ増えますように』

櫻井の、そして嵐5人の想い、間違いなく皆さんの心に届いたはずだ――。

## 〝ナンバーワンキャスター〟への道

『〝自分だけの道を進みたい、オンリーワンになりたい〟って、
言うのは簡単だけど、
やっぱりその道のナンバーワンになるほうが何倍も大変だし、
オンリーワンには見えない景色が見える。
もちろん、まだその景色も薄っすらとさえ見えないけど、
いつかモヤの向こう側にある景色をハッキリと見てみたい』

一瞬、ドキッとしてしまう櫻井翔のセリフ。まるで某先輩が「ナンバーワンよりオンリーワン」と歌ったことに対しての意趣返しとも受け取れる、なかなかパンチの効いたセリフ。

しかしもちろん、発言の意図はまったく別にある。

「最初に聞いた時はビックリしました。誰だって思いつくのは、世界に一つしかない〝あの花〟でしょうからね(笑)。〝オンリーワンよりもナンバーワン〟……まあ、まったく別の意味合いだったんですけど」

日本テレビ『嵐にしやがれ』制作スタッフ氏は、新型コロナウイルスの影響に各テレビ局が振り回される中、週一とはいえ生放送に出演する櫻井翔を激励するため、楽屋入りした櫻井を訪ねたという。

「訪ねたのは4月の初めでしたが、すでにバラエティ番組は無観客で、直後に収録すら行えなくなるギリギリのあたりですね。生放送の番組はニュースも情報番組も〝やるしかない〟状況で、櫻井くんもピリピリしているのではないかと。差し入れをして、気分をほぐすつもりで顔を出したんです」

(『嵐にしやがれ』制作スタッフ氏)

実は彼、内々に『news zero』のスタッフから「たまには少しだけでも話し相手になってあげて欲しい」と頼まれていたそうだ。

「『zero』のスタッフは必要最低限の会話と接触しかしておらず、その周囲のピリピリ感が櫻井くんにも伝わっていたのでしょうね」(同制作スタッフ氏)

顔見知りの『嵐にしやがれ』制作スタッフ氏の顔を見て安心したのか、櫻井は本番前でも饒舌だったという。

「『嵐にしやがれ』でも、本番前のある一瞬からキリッと引き締まって無口になる櫻井くんが、珍しく饒舌に。もしかしたらソーシャルディスタンスのお陰で話し足りていないというか、そんな感じかな……と」(同氏)

すると櫻井は――

**『こんな時だからこそ、本当は自分が斬り込んでいかなきゃならない。それが出来ないのが悔しい』**

――と、制作スタッフ氏に〝キャスターのあり方〟をぶつけ始めた。

「どうやら櫻井くんは、この4月から〝自らの足で現場を目撃し、取材をする〟フィールドキャスター寄りのポジションを取るつもりだったようです。**『村尾(信尚)塾の筆頭として高みを目指したい』**――のだと」(同氏)

元『NEWS ZERO』メインキャスターの村尾信尚さんは、キャスター・櫻井翔の〝師匠〟。

その村尾さんに「キャスター界のナンバーワンを目指せ!」と背中を押された櫻井は、フィールドキャスターの経験こそが「スタジオ(キャスター)の何倍も自分の糧になる」と教えられてきたのだ。

「それが今回の新型コロナウイルスの影響で半ば白紙に戻り、東京オリンピックも延期になった。オリンピックのほうは、仮に嵐が活動を休止しても櫻井くんに話が来るでしょうが、彼の人生設計というか、ナンバーワンのキャスターに上り詰める計画には、微妙に狂いが生じたかもしれませんね」(同氏)

その時、櫻井は制作スタッフ氏にこう語ったという——。

『〝自分だけの道を進みたい、オンリーワンになりたい〟って言うのは簡単だけど、やっぱりその道のナンバーワンになるほうが何倍も大変だし、オンリーワンには見えない景色が見える。もちろん、まだその景色も薄っすらとさえ見えないけど、いつかモヤの向こう側にある景色をハッキリと見てみたい』

——そう断言した櫻井翔。

やがて新型コロナ騒動が収まり、人々の暮らしが平穏に戻った際には、改めて〝ナンバーワンキャスターへの道〟を歩み出す彼の姿があるだろう。

## メンバー自身の足で歩き出す時

『俺たちはデビューからこれまで〝ジャニーさんの作品〟だったわけで、
グループが活動休止し、初めてセルフプロデュースで、
〝自分自身が作品〟という道を歩き出す。
その日が近づくにつれ、怖さとワクワク感がすげえ増殖する感覚――
何だろうコレ(笑)』

嵐に限らず、ジャニーズ事務所に所属してデビューを果たしたグループ、個人は間違いなく〝プロデューサー・ジャニー喜多川の作品〟だ。しかしジャニーさん本人は、その状況をいつまで望んでいたのだろうか。櫻井翔は今、「キッチリと自分の足で歩き出す時が来た」――と語る。

「昔からよく言われていたのは、ジャニーさんは一般的なプロデューサーとは真逆の感覚の持ち主だということです。たとえば〝ライオン（獅子）は生まれた子供を千尋の谷に落として試練を与える〟などと言いますが、普通のプロデューサーは谷から這い上がった者をデビューさせるのに対し、ジャニーさんはむしろ、デビューしてから谷に落とす。デビューした以上は〝プロフェッショナルとして何をすべきか？〟〝どこに向かうべきか？〟を自分で考えなければならない。一定の時期が過ぎるとメンバー自身にコンサートの演出をさせるのも、そのセルフプロデュースの一環だと思います」

皆さんならば「確かに！」と相槌を打ってくださるのではないだろうか。

話をしてくれたのは、『櫻井・有吉THE夜会』制作プロデューサー氏だ。

「この話を櫻井くんから聞かされたのは1月の終わりぐらいだったかな？ 今年初めて、彼と顔を会わせた時でした。新年会というほどでもないけど、スタッフ何名かと食事をしながら、活動休止前の1年の抱負を語ってもらったんです。まさかその時はコロナでオリンピックが飛ぶとは、想像もしていませんでしたが……」（『櫻井・有吉THE夜会』制作プロデューサー氏）

つまりある意味、2020年の1年に、大いに期待していた頃でもあったわけだ。

「多少、お酒が入っていたせいもあると思いますが、櫻井くんが『じゃあ、ほとんど話さない本音で言っちゃおっかな』と前フリをして話し始めたのが、『今年からはセルフプロデュースで歩き出す』――というメッセージだったのです」(同制作プロデューサー氏)

もちろん櫻井と嵐のメンバーは、何も初めてセルフプロデュースを手掛けるわけではない。

松本潤のコンサート演出もそうだし、二宮和也が『硫黄島からの手紙』のオーディションを強引に受けたのもそう。また極端に言えば、髪型や髪色を変えることもプロデュースだ。

しかしここで肝心なのは、どんな時でもメンバー自身が――

『俺たちはデビューしてからこれまで〝ジャニーさんの作品〟』

――と心に刻みながら活動してきたことなのだ。

「コンサート演出を手掛けることも広い意味で〝ジャニーさんの作品〟の一端に含まれるし、髪型を変えることも同じ。嵐が何をしようとジャニーさんの作品である以上、〝ジャニーさんが守ってくれる〟安心感に包まれてきたわけです」(同氏)

悲しいことにジャニーさんは亡くなり、間もなく一周忌を迎えようとしている。

櫻井は――

『グループが活動休止し、
初めてセルフプロデュースで〝自分自身が作品〟という道を歩き出す。
その日が近づくにつれ、怖さとワクワク感がすげえ増殖する感覚――
何だろうコレ』

――などと、期待と希望、戸惑いと不安が渾然一体とする中でも〝前に進もうとする気持ち〟を語ったという。

「その気持ちこそがジャニーさんから受け継いだエンターテインメントの〝核〟であると思います。今の嵐ならば、メンバー5人、全員が見事なセルフプロデュースを見せてくれるでしょう」(同氏)

自分たちをここまで育ててくれたプロデューサー、ジャニー喜多川氏から受け継いだエンターテインメントの真髄を胸に、活動休止後の5人はどんな活動を通して〝セルフプロデュース〟を見せてくれるのだろうか。

5人それぞれが自分自身の足で歩き出す、その時が刻々と近づいている――。

櫻井翔フレーズ

『物事を知らないことは罪じゃないし、
知らなかったら勉強すればいい。
罪なのは物事を知らない上に勉強もしない、
それなのに最初から〝知ったかぶり〟をすること。
相手を惑わすだけじゃなく、罪がどんどん膨らんじゃうよ』

プライドが高いのか、「知らない」を言えない人間が失うものは、そのプライドだけではなく周囲の信頼も。櫻井翔は「世の中に知ったかぶりほど恥ずかしい、自分をも裏切る行為はない」――とも。

**櫻井翔フレーズ**

『何か俺、すげえ理屈っぽい人と思われているみたいで、
よく議論を途中で打ち切られちゃうんだよね。
〝これ以上話しても口じゃ勝てないから〟って。
本当は俺、器用に見えて不器用で、
一生懸命に気持ちや考え方を伝えているだけなのに』

不器用が仇となり、言葉を選んでいるつもりが「回りくどい」などと言われてしまう櫻井翔。かといってストレートな物言いだと、「言葉のチョイスがキツい」と。本人の本質よりもイメージにとらわれがちになるのは、人気者の宿命なのかも。

櫻井翔フレーズ

『20代の真ん中ぐらいかな？
ある先輩に「年令を重ねるうち、どんどんとこだわりが少なくなる」
――と言われたことがあって、
その頃の俺は〝何でも欲しがる櫻井くん〟だったから、
その言葉を軽くスルーしてたんですよ。
でも30才を過ぎて40才が近くなると、
「まさにその通りだな～」って実感しますね。
たとえば今、〝街中でどう見られるか〟とか、
まったく外見を気にしなくなりましたから』

ファッションに無頓着なのは今に始まったことではないが（笑）、確かに人間は年を重ねるごとにこだわりや執着が減り、断捨離傾向が強くなる。しかしそれは人間として〝成熟〟している証でもある。果たして櫻井翔は、次は何にこだわらなくなるのだろう。

## すべてのファンの〝誇り〟として

緊急事態宣言下の4月27日、日本テレビ『news zero』スタッフルームには日中からかつてない緊張が走り、スタッフの誰もが「感染のケースを覚悟した」と振り返る。

そう、この日生放送出演のため自宅で準備を進めていた櫻井翔は、欠かさず行っていた検温で37度を少し超える体温を検出。体調に風邪の初期症状は見られなかったものの、自ら「〝もしかしたら……〟の不安が拭えなかったので、マネージャーに連絡して外出を控える判断を下した」のだ。

『微熱以外は咳も出ないし倦怠感もない。
新型コロナウイルスが流行していなかったら、緊急事態宣言下でなかったら、
普通に外に出て汐留（※日本テレビ本社所在地）に向かっていたと思う。
でも今は「まさか自分はかかってない」ではなく、
「もしかしたら感染したのかも」と頭を巡らせなければならない。
生放送に出演して有働（由美子）さんやスタジオのスタッフに感染させるリスクは、
何が何でも避けなければ』

――それが櫻井自らが下した決断。
そしてこの日の夜、番組冒頭で櫻井の出演見合わせとその理由が有働キャスターの口から語られ、
同時に櫻井の自宅待機が始まったのだ。

「この一件は間違いなく櫻井くんの英断で、彼のキャスターとしての強い自覚と責任感からの行動です。新型コロナ関連のニュースを伝える立場の人間が、よもやクラスターの感染源になることなどあってはならない。微熱はすぐに引き、翌日からは平熱で体調不良さえ起きなかった。それゆえ、結果的には〝休む必要あったの?〟と言い出す一部のスタッフもいましたが、彼らの想像力の欠如は仲間内ながらお恥ずかしい限り」

話してくれているのは、『ｎｅｗｓ ｚｅｒｏ』制作スタッフ氏だ。

『結果論だけで語れば、何も症状が出なかったイコール〝働け!〟と言われちゃうかもね。でも何の症状もなかった俺ですら、2~3日は〝もしかしたら〟の気持ちは消えなかったし、仮に微熱が続いた、咳が出た、倦怠感があるなどと感じていたら、完全にパニックを起こしていたと思う。感染に対する不安って、マジにこれまで一度も感じたことがない感覚だったから』

――当時を振り返って語った櫻井。

さらにこれは後日談だが、翌日に行われた『VS嵐』の収録では、櫻井が欠席したことで4人の顔から笑顔が消えていたという。

つまり新型コロナ感染に対する不安は、周囲をも大きく揺るがしてしまうのだ。

『感染はしていなくても不安や恐怖を体験した自分だからこそ、
これからやるべき使命があると思う。
オンラインの『ワクワク学校』の個人テーマに選ばせてもらったり、
池上（彰）さんの番組（『櫻井翔×池上彰 教科書で学べないニッポンの超難問』）に
リモート出演させて頂いたのも、
今回の体験から〝正しい知識〟を発信しなければならない使命を感じたから』

先ほどの『news zero』スタッフ氏は、さらなる展開を櫻井に提案したそうだ。

「もともと、新型コロナ騒動が拡大する中、櫻井くんは松本くんと共に『**オンライン配信を進めるべき**』──と、事務所上層部に進言していたのです。その経緯があったからこそオンライン『ワクワク学校』でも新型コロナウイルスがテーマになり、さらに今回の自分自身に対する素早く正しい行動で、櫻井くんのキャスターとしての信頼度、影響力は大きくなるばかり。そこで彼にはその道のエキスパートになるべく、スタジオ復帰後にいくつかの提案をするつもりです。仮に5月末で緊急事態宣言が全国的に解除されても、しばらくの間を置いて第2波、第3波が押し寄せるでしょう。その時に誰よりも頼りになるように、新型コロナについては〝池上さんのポジションを奪えるように、『news zero』を挙げて力になりたい〟とは伝えてあります」

スタッフサイドのこの提案に対して、当の櫻井本人はどんなリアクションを?

『今回の〝Johnny's Smile Up! Project〟は、
主に医療従事者の皆さんを支援する活動からスタートしているから、
キャスターとしてはメディアを通した啓蒙活動に力を入れてもいいと思う。
自分たちが社会貢献に全力を注ぐことで、応援してくれるファンの〝誇り〟になれる。
嵐にとって、ファンの誇りになれることほど、光栄なことはない』

櫻井が口にした「〝ファンの誇り〟になりたい」――。

それならば、これまでの活動でも十分にその資格はあるだろう。

そしてこれからの活動を通して、嵐はすべてのファンの〝誇り〟として、その胸に永遠に刻まれることになるのだ――。

## 櫻井翔を取り巻く〝恋愛事情〟

いつの世も皆さんをヤキモキさせる、メンバーの恋愛報道。

デビューしてから20年もアイドル界の中心で活動してくれれば、言い方は悪いが1人や2人、いや3人や4人？　あるいは5人や6人……の〝遊び相手〟が発覚するのは、1億総パパラッチの現代では当たり前。むしろ健康な男児が10代から20代、30代を駆け抜けた中、恋愛も〝メンバーを育てる〟秘薬の一つだったと考えてみてはいかが？

……やはり皆さん、そんなこと「出来るわけないだろ！」が、普通のリアクションだろうか。

「嵐の場合、時代時代で恋愛騒動の渦中にいるメンバーが移っていくというか、特にここ3～4年は櫻井くんと二宮くんにスポットライトが当たり続けましたね」

嵐の番組を担当したこともあるベテラン放送作家氏は、

「中でも櫻井くんは迷走気味というか、お堅い仕事を得意とするアイドルでは異例の存在」

――と、褒めているのか貶しているのか、微妙な言い回しで語り始めた。

「二宮くんは、昨年の11月に結婚したお相手との報道がずっと続き、ファンの皆さんも〝いずれはこの人と……〟と、マスコミで報じられるたびにゴールインする予感に悩まされていたことでしょう。一方の櫻井くんは、元テレビ朝日の女子アナとの半同棲で世間を驚かせ、破局直後には女子大生との合コンがたびたび目撃されると、その中のお一人、元有名大学のミスで読者モデルの女性が自宅にお泊まり。さらに今年の正月には、大学の同級生で周囲から〝元カノ〟と見られていた女性とのベトナム超高級リゾート滞在を撮られると、帰国して『news zero』の生放送をこなし、すかさず同じ女性とハワイ・オアフ島に所有するコンドミニアムへ。何と言えばいいのか、テレビの現場ではみんな様々な意味で〝大丈夫なの?〟……と、櫻井くんの噂をしていましたね」

(ベテラン放送作家氏)

確かに〝大丈夫なの?〟とは、報じられた記事を目にした人の大半も同じ思いを抱いたに違いない。

「この時、櫻井くんに近い日本テレビのディレクターが〝ニノの結婚の後、祝福コメントを出した2人はニノに続くってことだよ〟と、ドヤ顔で解説していたことを覚えています。つまり櫻井くんと相葉くんの2人も〝活動休止前に入籍する〟のだと」(同放送作家氏)

活動休止前か後かはさておき、櫻井が正月にベトナムの人気リゾートを押さえたのは、少なくとも二宮の入籍発表(11月12日)以前であることは容易に想像出来る。

「少し調べれば簡単に出てきますが、ベトナムとハワイに同行したお相手は去年の9月一杯で前職を辞めているので、その頃に旅行の計画を立て、2019年の仕事納め（NHK紅白歌合戦）と2020年の仕事始め（news zero）の合間に予約出来る超高級リゾートを探したのでしょう。日本テレビディレクターのドヤ顔は、その証明だと思います」（同氏）

それにしても櫻井はなぜ、そう簡単にベトナム旅行とハワイ旅行を撮られてしまったのか。

まだベトナムは、例年嵐に与えられる唯一の〝連休〟と重なるのでわかるが、まさか『news zero』と『news zero』の間に〝また海外に飛ぶ〟とは、なかなか考えにくい行動ではないか。

「僕の周りで〝大丈夫なの？〟と苦笑いしていたギョーカイ人も、基本的にはそこを疑問視しています。たとえば〝コンドミニアムの売却？〟などと予想する者もいましたが、ほとんどの人間が疑っているのは櫻井くんの〝自作自演〟です」（同氏）

二宮和也が、映画共演をきっかけに心酔する木村拓哉から――

**『ウチ（ジャニーズ事務所）は自分で既成事実を積み重ねていかなきゃ（結婚なんて出来ない）』**

――とアドバイスされたのは、もはやテレビ界では周知の事実。

そのアドバイス通りにいつも2人で行動し、まるで「撮ってください」と言わんがばかりに姿を見せ続けた二宮は、禁じ手の〝活動休止前婚〟を認めさせた。

その過程を見ている櫻井が自分も〝乗っかった〟と見るTVマンは多く、また二宮の入籍に刺激されたことで、自分たちの旅行スケジュールを「周囲の人間を使ってリークさせた」とする意見が主流を占めている。

「ところが驚くべきことに、櫻井くんの〝つまみ食い癖〟は一向に収まらず、2月には別宅でモデル風美女とのお泊まりを撮られています。中にはこれも〝正月旅行の効果がなかったので、逆に遊びが止まらないように見せれば、結婚して落ち着いたほうがマシと思わせるための手口〟――などと言う人間もいて、櫻井くんの場合は結婚するその日まで、お相手が誰なのかわからないですよね（苦笑）」

心配そうにそう話すベテラン放送作家氏だが、確かに嵐活動休止後に櫻井のメインになるであろうキャスター業のためにも、そろそろ落ち着いたほうがいいことは間違いない。

過去に女性問題で一時的とはいえ信用も仕事も失ったキャスターはゴロゴロいるのだから。

もちろん賢明な櫻井のこと、そんなことは百も承知で、すべてをわきまえた上で行動しているのだろうけれど。

# 〝嵐の櫻井翔〟の殻を破る時

ＴＢＳ『櫻井・有吉ＴＨＥ夜会』古参制作スタッフで、しかも前身の『櫻井有吉アブナイ夜会』『今、この顔がスゴい！』はもちろん、『ひみつの嵐ちゃん』から10年来のつき合いだというスタッフ氏。

ずっと櫻井翔を見守ってきた中で、

「僕が知る20年間では、やっぱり有吉くんとの出会いが大きい。彼との仕事は櫻井くんを変える力を持っていた」

――と語ってくれた。

「『ひみつの嵐ちゃん』が終了し、有吉くんとの初タッグになる『今、この顔がスゴい！』がスタートしたのは2013年4月クールでした。以来、番組内容をリニューアルしながらも丸7年のつき合いになり、その他にも特番の『ゼウス（※櫻井翔のジャニーズ軍VS有吉弘行の芸人軍究極バトル〝ゼウス〟）』を含め、嵐のメンバー以外とは2番目に長いパートナーに。ちなみに1番長いパートナーは『NEWS ZERO』時代の村尾（信尚）キャスターとの丸12年ですが、村尾さんは櫻井くんの師匠的な存在なので、MC〝パートナー〟としては有吉くんとの関係が最も長く、そして深い」（『櫻井・有吉THE夜会』古参制作スタッフ氏）

それは櫻井が嵐の活動休止会見の当日、ジャニーズ関係者以外で事前報告した数少ない相手が村尾信尚氏と有吉弘行だったことで、すでに証明されているだろう（※有吉は櫻井がかけた〝事前報告〟の電話に出られなかったが……）。

「そんな有吉くんについて、櫻井くんは『**ずっと気にしていることがある**』——と言います。それは番組タイトルが2014年以降、櫻井くんのほうが前に置かれていること。『猿岩石の大ブレイク、俺はJr.時代に視聴者として見ていたし、何なら〝俺もあんな旅がしたい！〟と憧れたぐらい。有吉さんが太田プロに入ったのは1994年で、それってウチで言えばTOKIOと同期。大先輩だよ』——と、自分の名前が前にあることに若干の引け目を感じているそうです」（同古参制作スタッフ氏）

もちろん年令も有吉のほうが8才も年上(※7学年)で、櫻井本人が有吉を尊敬していればいるほど、気まずさを感じてしまうのはやむを得まい。体育会系のジャニーズ事務所に所属しているだけに、先輩後輩の上下関係にはケジメをつけたいタイプなのだろう。

「タイトルを決めたのはTBSサイドで、櫻井くんの名前を先に置いたのは視聴者の目を引くため。しかし中には〝どうせジャニーズが「櫻井を前にしろ!」って言ったんだろ?〟など、端から決めつけるアンチ層もいる。そんなことを言われる筋合いはないのに、櫻井くん自身『**まあ、言いたくなる人の気持ちもわかるよ**』――と受け入れるほど、有吉くんに気を遣っているのです」(同氏)

ところで古参制作スタッフ氏は、なぜ2014年から続く〝タイトル問題〟を、今さら持ち出したのだろうか。

そこには昨年末、櫻井から聞かされた〝ある決意〟が関係しているようだ。

「実際、最初に聞いた時はビックリしましたよ。確かにグループとしての嵐は活動休止に入るので、櫻井くんが個人として仕事の幅を広げるのは大歓迎。しかし今、『**有吉さんと旅番組をやってみたい**』――というのはどうでしょう。そもそも2人とも売れっ子で、旅ロケに出る時間なんかあるんですかね」

櫻井が古参制作スタッフ氏に相談した〝ある決意〟。

それは有吉と2人で「新しい旅番組を作ってみたい」という話だった。

『有吉さんは『電波少年』のユーラシア大陸はもちろんだけど、

『正直さんぽ』とか『有吉くんの夏休み』とか、

そういう街を巡る番組や海外で遊び倒す番組、めちゃめちゃ上手いじゃないですか。

見ていて、いつも思ってたんですよ。

「あそこに俺が加わると、どんなテイストの番組になるだろう」――って』

何も肩に力を入れて、「新しい切り口の旅番組を作りたい」と意気込んでいるわけではない。

有吉の良さと自分の良さがミックスされた時、どんな化学反応が起こるのか――。

櫻井はそれが――

『超楽しみなだけ』

――と言う。

櫻井は常々――

『自分が嵐のメンバーとして活動している以上、好き勝手に何でもトライすることは出来ない。

自分には〝嵐の櫻井翔〟という役割がある』

――と、話している。


しかし活動休止に入れば、少なくともリスタートするまでは〝ある程度の自由〟が利くだろう。

そしてそのパートナーに有吉を指名するのは、言うまでもなく7年間の信頼。

あえてお互いの名前をタイトルに入れず、自分たちが考えたタイトルも付けられるというわけだ。

『たとえば有吉さんと俺が京都五山の禅寺を訪ね、二泊三日で座禅修行したりさ。視聴者の予想をポジティブに裏切りながら、有吉さんの素と俺の素をぶつけ合う。ね？ どうなるか想像がつかないでしょ（笑）』

実現するにはスケジュール等の高い壁が立ちはだかるだろうが、確かに活動休止期間だからこそ、思い切ったチャレンジを期待したい。

今まで守り続けてきた〝嵐の櫻井翔〟という殻を破り、〝新しい櫻井翔〟を見出すためにも。

新たなチャレンジに立ち向かう櫻井翔の〝未来〟には、明るい希望が待っているのだから——。

*3rd Chapter*

# 相葉雅紀

## 未来への希望

Masaki Aiba
Hope for the Future

## 胸に染みる〝志村けんさんからの教え〟

『「すっごい大きな失敗をしたり、すっごい高い壁にぶつかったほうが、
次の一歩を踏み出す道が大きく開けるんだよ」――って、
俺は教えてもらった。
実際、自分がそこまでの壁にぶつかってはいなくても、
心構えさえ備わっていれば焦ることはない。
あれだよね、備えあれば憂いなし(笑)』

ことわざを引用して締める相葉雅紀だったが、そもそものセリフは志村けんさんからの教え。昨年1月の活動休止会見以来、〝芸能界の父〟と〝テレビの師〟、大切な2人がこの世から去ってしまうなんて、これっぽっちも考えていなかった相葉。だからこそ今、その言葉が胸に染みるのだ。

「今思えば、あの時に相葉くんが『俺の経験じゃないよ。でも志村さんが言ってたから間違いない』──と話していたのが、何だか不思議な気持ちがします。もちろん偶然に決まっているでしょうけどね」

フジテレビ『VS嵐』制作スタッフ氏は、昨年、プライベートでも相葉雅紀と親交が深い風間俊介が対戦相手として番組に出演した際、本番前のスタジオ前室で仲良さそうに話す2人に対し、かねてから不思議に思っていたことを尋ねてみたそうだ。

「改めて尋ねるとか大袈裟な感じではなく、サラッと〝そういえばさ……〟と声をかける風に聞いてみたんですけどね。別の番組で2人のプライベートを追ったロケ企画を見ると、その時の相葉くんが〝亭主関白な夫〟みたいに見えて(笑)、風間くんを振り回しているように感じたんです。でも実際には風間くんには家庭があるし、貴重なオフを相葉くんに〝望んで捧げている〟のかな～っと」(『VS嵐』制作スタッフ氏)

確かに相葉には、今は時節柄飲み歩いたりは出来ないものの、真夜中でも平気で呼び出す関ジャニ∞の横山裕であったり、むしろ1才下の風間よりも〝亭主関白にふるまえる〟4才下のふぉ～ゆ～松崎祐介など、独身でつき合いの良い友人たちもいる。

さらに制作スタッフ氏は「横山くんとも松崎くんとも、相葉くんと一緒に飲んだことがある」というものの、風間については同席したことがなく「〝幻〟の存在に近かった」と話すほどで、どうしても相葉と風間の関係性が見えてこないらしい。

「横山くんも松崎くんも、ある意味、相葉くんに通じる〝天然ぶり〟を垣間見せてくれるんですけど、風間くんといえば『裸の少年』初代MCの例を挙げるまでもなく、しっかり者の仕切り屋、学級委員長タイプの優等生。早くからNo.1の演技派と呼ばれていて、今でも生田斗真くん、二宮和也くんと並び、世代を代表する役者の一人。いくら相葉くんが先輩でも、そこまで従わなくても……と勝手に思ってしまうんです」

そんな制作スタッフ氏の勝手な（?）思いを風間本人に伝えると、こんな答えが返ってきたという。

『いやいや、とんでもない』

――と、風間は手を振りながら否定し、こう言った。

『僕はいつも相葉くんから人生訓を学ばせてもらってばかりですから』

横で聞いていた相葉も――

『だよな～』

――と、いかにも納得したように頷いたとか。

そこで試しに一つ、風間にどんな人生訓を伝授しているのかを相葉に尋ねると、「そうだな～」と考え、冒頭のセリフを口にしたのだ。

『「すっごい大きな失敗をしたり、すっごい高い壁にぶつかったほうが、次の一歩を踏み出す道が大きく開けるんだよ」――って、俺は教えてもらった。

実際、自分がそこまでの壁にぶつかってはいなくても、心構えさえ備わっていれば焦ることはない。

あれだよね、備えあれば憂いなし（笑）』

自ら「俺は教えてもらった」と言ってしまうところが、いかにも相葉らしいが、もう何年も前に、志村けんさんにアドバイスされたそうだ。

相葉は――

**『俺の経験じゃないよ。**
**でも志村さんが言ってたから間違いない。**
**こんないい言葉、俺一人が独占するのはもったいないじゃん？**
**そういうのをいくつか、風間や松崎には話している』**

――と、教えてくれたそうだ。

「その時、ようやくわかりました。〝この人は腹の中に一物を抱えず、自分が「いい」と思ったことを独り占めしないで、後輩や仲間たちと共有したいと純粋に願えるタイプなんだな〟――と」（同制作スタッフ氏）

相葉がなぜ仲間に慕われ、そして志村けんさんに可愛がられたのか――。

その答えの一つがここにある。

## 5人にしかわからない、わかり合えない気持ち

『俺らは嵐である前に、
中学や高校の頃からずっと一緒の幼馴染みなの。
あえて〝親友〟とまでは言わないけど、
でも俺ら5人には5人にしかわからない、
わかり合えない気持ちがある。
周りが思うことなんて、だいたい外れてるから!』

おそらくは皆さん、相葉雅紀のこのセリフが〝二宮和也の入籍〟に関係していることはお気づきだろう。入籍を発表してから半年が過ぎても、いまだに祝福の公式コメントを出さない2人のメンバー。
あえて相葉が語ることで、その真相が見えてくる――。

「気づいたら入籍からもう半年も経つんですね。コロナ騒動のせいか、二宮くんが新婚だということすら忘れてました」

嵐のメンバーに倣って〝リモート飲み〟をしていた最中、画面の向こうにいるテレビ朝日『相葉マナブ』制作スタッフ氏が、いきなりそう呟いた。

「あの時はみんな〝マジに!?〟と度肝を抜かれましたよね。確かに二宮くんが嵐で最初に結婚するのでは?……と言われてましたけど、まさか活動休止に入る前、しかも1年以上前に入籍を発表するとは誰も思わなかったはず」（『相葉マナブ』制作スタッフ氏）

そこに口を挟んだのが日本テレビ『ニノさん』担当プロデューサー氏で、とんでもない爆弾を投下してくれた。

「それでも二宮くんにしてみれば、我慢に我慢を重ね、その限界が来ての入籍だったそうですよ。実際、当初は活動休止会見の席で〝入籍を発表する〟ことが、彼が〝活動休止を受け入れる条件〟だったと話していましたから」（『ニノさん』担当プロデューサー氏）

私を含め、リモート飲みに参加していた『ニノさん』担当プロデューサー氏以外の画面がフリーズした。

まさか二宮にそんなネタが隠されていたとは……。

すると『相葉マナブ』制作スタッフ氏が、

「そうか。それで相葉くんが珍しくあんなにイライラしていたのか……」

――と、『相葉マナブ』収録現場での話を明かしてくれた。

「二宮くんの入籍が発表された何日か後の収録で、いつもの相葉くんとは明らかに違う雰囲気のリアクションが返ってきて、〝ヤバい! 地雷を踏んだのかも?〟と気になることがあったんです」

(『相葉マナブ』制作スタッフ氏)

それは制作スタッフ氏が、二宮の入籍について「スポーツ紙を見て驚きましたよ」と相葉に声をかけた時の話だ。

嵐に関係する話題に対し、相葉はいつも「そうなんだよ。ちょっと聞いてよ～」などとサービス精神旺盛に返してくるところ、この話題に関しては――

『芸能人でも普通の生活の中でスマホを使えば、
見たくない情報というか噂話が勝手に目に入るじゃん？
「相葉は祝福した、櫻井は大人の対応でコメントを出した。
でも大野と松本は今でも激怒している」……みたいなヤツ。
どんな気持ちで書いてるんだろう』

――と、明らかに憤慨したセリフが返ってきたという。
さらにそれを増幅させたかのように――

『俺らは嵐である前に、中学や高校の頃からずっと一緒の幼馴染みなの。
あえて〝親友〟とまでは言わないけど、
でも俺ら5人には5人にしかわからない、わかり合えない気持ちがある。
周りが思うことなんて、だいたい外れてるから！』

――と語気を強めたそうだ。

「その後ろのほうのセリフにはちょっと感動したというか、〝相葉くんはメンバーをそんな風に思い、大切にしてるんだな〟と感じたので、そもそもの怒りの原因のほうをスルーしたみたいになったんですけど、つまりあの活動休止会見は、大野くんが主張した解散に対し、二宮くんが〝じゃあ**俺の入籍も認めてくれ**〟と抵抗した、その末の折衷案から生まれた記者会見だった。その結果、嵐の活動休止のみ発表されて、二宮くんの入籍の発表は見送られた――という裏話があった。だから大野くんと松本くんは、二宮くんに対して〝**あの時、納得してくれたんじゃないの？　それなのに何で入籍を強行したの!?**〟――の気持ちが強かった。そんなところじゃないですかね」（『相葉マナブ』制作スタッフ氏）

それは推測にしか過ぎず、真相は5人にしかわからない。

我々にわかることはただ一つ、相葉の言葉にあるように――

『**俺ら5人には5人にしかわからない、わかり合えない気持ちがある。**
**周りが思うことなんて、だいたい外れてるから！**』

――ということだけだ。

## 相葉雅紀が訴える〝純粋な想い〟

『つくづく感じたのは、大切なのは未来じゃなく〝今〟ってこと。
今を生きる僕たちに出来ること、
それはまず最初に自分で自分を守る。
そして感染するリスクも、感染させるリスクも減らすこと』

大きな話題になった、嵐の〝手洗い動画〟。あの動画が完成したのは公開（4月1日）の少し前。それが何を意味しているかは、あえてここでは語るまい。彼らの想いが詰まった相葉雅紀のセリフが、すべてを教えてくれている。

「相葉くんのそのセリフは手洗い動画が公開されてから2週間ちょっと後、4月17日のインスタライブの発言を受けてのオフレコです。まあオフレコといっても週刊誌ネタになりそうなスキャンダルでも何でもなく、相葉くんの率直な想い。『本当はインスタライブでも伝えたかったんだけど、今の俺が言うと違った意味に受け取られそうで。どうしても志村さんのことが先に出てきちゃうじゃない？　俺が志村さんを利用しているような、そんな風に感じる人がいたら悲しいじゃん』――と、相葉くんは世間の風潮みたいなものを気にしていました」

日本テレビ『天才！志村どうぶつ園』制作スタッフ氏は、特に志村けんさんが亡くなって以降、相葉雅紀から――

『こんなことをするの、どう思います？
天国の志村さんも賛成してくれますかね』

――と、自粛期間中の活動について意見を求められるようになったと明かしてくれた。

「僕が意見というか感想を伝えたからといって、相葉くんの活動に影響を及ぼすことはありません。単に志村さんを思い出すたび、2人の間に挟まれていた僕らのようなスタッフを介し、それこそ天国の志村さんに〝報告する〟気持ちになっているのだと思います」(『天才!志村どうぶつ園』制作スタッフ氏)

相葉の志村さんに対する愛とリスペクトを感じる、温かい話ではないか。

「その4月17日のインスタライブは、始まる前に『絶対に見て!』とインスタのDMが届きました。最初に松本くんがメインで登場し、途中からメンバーが一人ずつ現れる。インスタのコラボは上下2画面なので、5人一緒には出られませんからね」(同制作スタッフ氏)

ご覧になった皆さんはご承知だろうが、この日のインスタライブは『アラフェス2020』の延期を、メンバーの口からファンに伝えることが目的だった。

相葉はまず延期を詫びた後、切実な表情で――


**『皆さんに感染して欲しくないのはもちろん、感染させる側にもなって欲しくないです。**

**この病気、本当に怖いから。**

**本当に人が亡くなっちゃうから』**

――と、カメラに向かって訴えかけた。


この時、おそらくは視聴者のほぼ100%が志村けんさんの顔を思い浮かべただろう。

2人の関係からは、それがごく自然の成り行き。

だが言われてみれば、だからこそ先ほどの制作スタッフ氏の証言にあるように、相葉が気にしてしまうのもやむを得ないのだろう。

相葉は〝本当に伝えたいこと〟を補足して――

『つくづく感じたのは、大切なのは未来じゃなく〝今〟ってこと。今を生きる僕たちに出来ること、それはまず最初に自分で自分を守る。そして感染するリスクも、感染させるリスクも減らすこと』

――それが大切なのだと力説したという。

もちろんそこには志村さんを利用するような発想などあるわけもないし、純粋な相葉の本心だ。

「最近話題の〝自粛警察〟が穿った捉え方をするのであれば、間違いなく相葉くんと志村さんの関係を冒涜するに等しい。僕や番組スタッフはそう思っています」（同制作スタッフ氏）

相葉雅紀の純粋な想いが、日本中、いや世界中の人たちに届くことを願ってやまない――。

**相葉雅紀フレーズ**

『人生がめちゃめちゃ順調で上手くいくことなんてないし、
逆にそれって超つまんなくない？
きっとさ、上手くいかない人生を上手くいくように頑張る、
そこに面白味があるんだよ。
お前らの未来、お前らが面白くすればいいんじゃね』

CDデビューを諦めてジャニーズJr.から卒業したふぉ～ゆ～。
その判断が正しかったのか、相葉雅紀から贈る言葉。そう、
上手くいかないのを上手くいくように頑張るのが人生ならば、
自分の人生は自分で面白くすればいい。

相葉雅紀フレーズ

『自分の立場では正しくても、
相手の立場では正しくないかもしれない。
他人《ひと》と争い事になった時は、いつもその原則を頭に置いて、
相手の話を聞かなきゃいけないんじゃないかな』

相葉雅紀のイメージと〝争い事〟はなかなか結びつかないが、それは彼の中にこの原則が育まれているからだろう。いつ、いかなる時も、相手をおもんばかる。出来そうでいてなかなか出来ない。

**相葉雅紀フレーズ**

『すごい太くて高い、見上げるような木も、
何十年、何百年前は一粒の種じゃん。
ちょっと努力しただけで立派な木になれるわけないいんだから、
人間は本当にわがままだよ(笑)』

時を経て、風雪に耐えたからこそ成長した大木。人間は誰もが大木になりたがるが、そう簡単には大木になり得ないことを独特の視点で斬る相葉雅紀。まさに物事の本質を捉えた名言だ。

## 嵐5人で〝リモート飲み会〟

SNSを解禁し、続々と公式アカウントを開設した嵐だったが、それが新型コロナウイルスによる緊急事態宣言下の自粛生活、STAY HOMEの習慣を心掛ける中で思わぬ効果をもたらせることになる。


『最初に言い出したのは翔ちゃん？ 松潤？……まあどっちでもいいんだけど、ビックリするぐらい盛り上がる。

それが謎すぎる（笑）』

相葉雅紀が驚きの声を上げるのは、4月半ば頃から行い始めた、メンバー5人での〝リモート飲み会〟だ。

すでに緊急事態宣言が発令される前から巷ではジワジワと流行りつつあったが、当時はそんな噂を聞いても、相葉は「会わずに飲んで何が楽しいの？」と、どちらかといえばバカにしていたという。

『ほとんどのテレビ局がロケや収録を休んで、さすがに外に飲みに行かない。
俺自身は志村さんが亡くなってから外に出る気すらなくしていたけど、
翔ちゃんや松潤が「メシでもどう？」と誘ってくれた日もあったんだよ』

――お断りするまでもなく、緊急事態宣言発令以前のお話。

『もともと、俺は自分ん家で料理作るの好きだったし、全然困らなかったけど。
そのうちスマホのテレビ通話で打ち合わせをしながら出来た料理を見せて、
松潤に「ア〜ン」とか食べさせるフリをしたり』

――カップルのような〝お戯れ〟遊びをしていると、松本から「〇〇ってアプリ、インストールしてよ」
の指令が入ったそうだ。

松本によると――

『少し前から、それぞれとテレビ通話で打ち合わせするのが面倒くさい』

――からと、オンライン会議に切り換えるつもりだったらしい。
相葉にインストールさせようとしたのは、そのアプリだった。

『昔さ、滝沢くんが誰よりも早く編集ソフトを使いこなして「超スゲー！」って感動したけど、
今の松潤はそれの比じゃないね。
アイツに出来ないこと、基本ないと思うから』

――そう言って感心する相葉だが、この時点で、すでに松本は櫻井から、

『〝オンライン飲み会〟流行ってるらしいからやろうよ』

――と誘われ、2人でリモート飲みを始めていたそうだ。

『相葉くんには言わなかったけど、リーダーとニノも参加していたんだよね。
だって相葉くん、パソコン苦手だから、
スマホで出来るレベルで止めてあげないと大変だから（苦笑）』

――と、見方を変えれば〝ハブられていた〟のだ（笑）。

『みんなヒドいよな。
「4人でどんだけオレの悪口言ってたんだよ！」とツッコんだら、
「悪口？ いや相葉くんの話題自体、たぶん出てなかった」――だって。
もう超ショックで寝込むところだった……』

――ちなみに相葉が〝ハブられていた〟リモート飲みは、たった1回だけとのこと。
皆さんの心配には及びませんのでご安心を（笑）。

『もう3回？ 4回ぐらいやったかも。
自粛自粛でみんなも大変だと思うけど、苦しさの中から楽しさを見つける。
自分たちの工夫で楽しさを生み出す。
それって最高に満足感も高いから、ぜひみんなもいろいろな情報を集めて欲しい。
〝きっと明日は笑えるし、希望は笑顔の人のもとにしかやって来ない〟
……そんなことわざ、あったじゃん！』

——まったく聞いたことがない〝自称ことわざ〟だけど、勇気を持たせてくれる素敵な言葉だ。

『きっと明日は笑えるし、希望は笑顔の人のもとにしかやって来ない』

相葉雅紀のこの言葉を胸に刻んで、笑顔で〝明日の希望〟を待つことにしよう——。

## 東京オリンピック延期で囁かれる〝相葉雅紀単独ナビゲーター〟

「実はもうジャニーズとＮＨＫの間で、活動休止に入った際のシミュレーションは出来ています。最悪という言い方は相応しくないかもしれませんが、活動休止してしまった場合は〝相葉くん一人〟がナビゲーターを務めることになるでしょう」

ＮＨＫのスポーツ局に食い込む大御所放送作家氏は、「５人揃ってナビゲーターを務めることは両者とも諦めてはいない」としながらも、今や「オリンピック延期決定直後から日本でも新型コロナ感染が広がり、世界では現時点（５月６日）で感染者数およそ３６８万人、死亡者数およそ25．８万人。ウイルスは変異し、再感染を含む第２波、第３波がやって来ると言われている中、本当に来年の夏にオリンピックが開催出来ると思っているのは〝日本だけ〟が世界の感覚」と、開催そのものが危ぶまれている認識を明かす。

「極端な話、来年の春先までに新型コロナウイルスが死滅しないと、世界中の代表選手からの不参加表明が後を絶たなくなる。仮に日本国内で感染が抑えられていても、選手が集まらなければ競技になりません。ジャニーズとＮＨＫは頭の片隅に〝それもあり得る〟ことを置いています。とはいえ国を挙げての世界的イベントは、どんな障害があっても〝開催される〟前提で物事が進みますからね」
（大御所放送作家氏）

来年の話は鬼も笑うので、不吉な予測はここまでにしておこう。

それにしても確かに相葉雅紀は『グッと！スポーツ』の司会をリオデジャネイロ五輪の前から担当し、今やほとんどの代表選手と顔馴染みとはいえ、一人で務める重責に耐えられるのだろうか。

「相葉くん云々ではなく、嵐の位置付けは当初からナビゲーター。つまり事前番組を含めての先導役、案内役なので、番組が再開したら今年一杯は問題ありません。さらに年が明けてからは〝ウルトラＣ〟のプランも考えられています」（同放送作家氏）

この秋から相葉の〝アシスタント〟として、身体能力が高いＳｎｏｗ Ｍａｎを番組に起用。昨年末はジャニー喜多川さんの追悼記念枠で出演した紅白歌合戦に、今年はＳｉｘＴＯＮＥＳともども初出場。全国区でのプッシュを東京オリンピックまで展開させる仰天プランだ。

「実力派の男女アナウンサーが多数揃い、すべての競技に有名解説者を用意するのがＮＨＫオリンピック中継の王道。もちろん自国開催でなければいくら嵐でも起用されなかったわけで、しかしこれからのジャニーズとの蜜月のためにも、滝沢秀明副社長一番のお気に入りでもあるＳｎｏｗ Ｍａｎを組ませるのは、決して悪いプランじゃないとの意見が徐々に広がりそうです」(同氏)

Ｓｎｏｗ Ｍａｎはともかく、相葉単独でのナビゲーター案が出ていることを知り、瞬時に動いたのが日本テレビだ。

「もちろん櫻井翔くんの奪還です。２００８年の北京オリンピックから夏季、冬季を合わせて６大会連続でオリンピックキャスターに起用してきたのに、肝心の東京オリンピックでＮＨＫに奪われるなんて。延期の発表とＮＨＫのシミュレーションを聞きつけると、即座に『ｎｅｗｓ ｚｅｒｏ』の担当役員クラスが櫻井くんを訪ねたと噂されています」(同氏)

それにしてもメンバー不在、中でも勝手に名前が挙がっている相葉や櫻井はいい迷惑ではないか。

『自分たちは使って頂く立場だから、
まず俺の場合はこれまでもこれからも、
『グッと！スポーツ』で出会ったアスリートの応援団長を務めるだけ。
そりゃあ嵐5人でナビゲーターをやりたいに決まってるけど、
結構いい年した大人の集まりなんだから（笑）。
プロとして最善かつ最高の仕事をして、それでみんなが笑顔になれれば言うことないね！』

この相葉の肩の力の抜け具合が、メンバーにとってもファンにとっても、ＮＨＫにとっても
ジャニーズにとっても、日本にとっても世界にとっても――ベストの結果を導く呼び水になって
くれるのではないだろうか。

## 2代目園長が受け継ぐ〝志村園長の意志〟

日本テレビ『天才！志村どうぶつ園』プロデューサー氏は、志村けんさんがお亡くなりになった後も、悲しみをこらえて「みんなを笑顔に、ハッピーにしなければ」と積極的に社会貢献活動に関わる相葉雅紀を見て、

「〝すぐに〟とは言わないけど、〝2代目園長〟をお願いしたいのは相葉くんしかいない」

――と、ますます意を強くしたと語る。

「志村さんが亡くなった翌日はテレビの生放送、さらに2日後には横浜アリーナからのライブ中継。その翌日は『志村どうぶつ園』の特番収録。番組で志村さんとの思い出を語りながら涙を流す相葉くんでしたが、それだけ忙しいスケジュールの中、実際にはゆっくりと志村さんを偲んで泣ける時間は作れなかったんじゃないか？　実感のないままに気持ちの整理をつけられていないんじゃないか？……僕をはじめ番組スタッフは、みんな相葉くんの精神状態を心配していました」（『天才！志村どうぶつ園』プロデューサー氏）

大切な人を失う。それも体調を崩していたとはいえ、まさか亡くなるなんて夢にも思っていなかった時、人間の脳はあまりにも大きなショックから本能的に回避するため、現実を認識させない、現実から逃避する信号を発信する。

相葉がしばらく実感がなかったのも、彼の脳が〝恩人の死〟という現実を受け入れることを拒否したからだ。

『確かにね。

めちゃくちゃショックでめちゃくちゃ悲しいのに、なぜかそんなに涙が出てこない期間があった。

「あれ？ 俺どうしちゃったのよ。変じゃん……」って、自己嫌悪で落ち込む感じ。

俺にとっての志村さんは、間違いなく〝テレビ界のお父さん〟だったの』

――振り返ってそう語る相葉。

志村さんがいかに偉大な人物、そして相葉にとってどれほどの恩人だったかは、ここであえて語らずともご承知のことと思う。

4月2日に、いつもの日本テレビ番町スタジオ（旧本社社屋）で4月4日放送の『志村どうぶつ園』特番の収録が行われた際には、山瀬まみ、DAIGO、ハリセンボン、タアカンドトシらレギュラー陣が顔を揃える中、相葉は――

**『ようやく本気で泣けた。**

**でもまだ全然足りないから、オンエアを見ながら思いっ切り泣くよ』**

――と、収録後に笑顔でプロデューサー氏に語ったという。

「収録の前から僕たちの気持ちは固まっていて、メンバーはこのままで番組を継続させようと。また先々の打ち合わせやスポンサーの意向で変更される可能性もありますが、相葉くんは飼育係のままにしばらく頑張ってもらって、やがては〝2代目の園長〟になってもらいたい――と告げました。その心づもりで番組に臨むのと臨まないのでは、全然違いますからね」（同プロデューサー氏）

しかし相葉は――

『それは無理』

——と即答したという。

『誰にも志村さんの代わりは務まらないし、園長はずっとみんなの心の中にいる。

「飼育係から係長に昇進しろ」っていうなら何も言わないけど、

「2代目園長を目指せ」っていうのはどうなの?』

——と、なぜか半ギレで抵抗されたそうだ。

志村けんさん、そして『志村どうぶつ園』に対する、相葉の〝特別な思い入れ〟が申し出を拒否させたのだろうが、本当にそれで良いのだろうか。

どうしても相葉に「その気になってもらいたい」プロデューサー氏は、こんな言葉を相葉にかけた。

「相葉くん、少し勘違いしてるみたいだけど、相葉くんは〝園長〟という立場だけを引き継ぐんじゃないんだよ? 相葉くんには志村さんのこの番組に懸けてきた想い、〝動物を通してお茶の間に笑顔と感動を届けたい〟——その意志を受け継いで欲しいんだよ」

ガチのトーンで相葉に伝えたプロデューサー氏。

そこまで請われ、それでも断るのは男じゃない。


『だよね。胸にガツンと来たもん。

俺、他の番組で寿司を握ってるけど、その勉強で伝統のあるお寿司屋さんに行くと、親方がどんな風に先代の技術や心意気を受け継いでるか、かなり観察してるわけ。

俺がもし『志村どうぶつ園』の2代目園長を襲名するなら、そういう部分が参考になる気がする。

まだ決定したわけじゃないし、やっぱり受けないかもしれないけど、やると決まったら寿司屋の2代目、3代目、いや4代目ぐらいの気持ちで頑張りたい。

つまり子孫がしっかりしないと、ご先祖様は安心して眠れないじゃん?』


相葉雅紀にしか出来ない、志村けんさんの意志を受け継いだ園長になって欲しい。

番組ファンの視聴者は全員、そう思っているはずだから――。

嵐 ARASHI
未来への希望

*4th Chapter*

# 二宮和也

## 未来への希望

Kazunari Ninomiya

Hope for the Future

## 悩める山田涼介に贈った二宮和也の言葉

『自分で考えられる人間になるためには、
自分の中に〝これだけは譲れない〟っていう芯を持つことと、
その芯を〝自分で裏切らない〟ことが大切なんじゃないかな。
流されるだけの人間になりたくなければね』

〝悩める後輩〟Ｈｅｙ！Ｓａｙ！ＪＵＭＰ山田涼介に対する真正面からのアドバイス。「何をすればいいのか、本気でわからない」という後輩の相談に親身になって答える、実は優しい男なのだ。

ＳＭＡＰが解散して以降、それまではあまり表に出てこなかった嵐と（ジャニーズの）後輩たちの関係性が、実に顕著に語られるようになった。

もちろん彼らはそれまでもジャニーズの中間管理職的な立場で後輩たちの面倒を見ていたが、当時トップに立つＳＭＡＰが率先して後輩を引っ張るタイプではなかったので、嵐が必要以上に〝でしゃばる〟ことはご法度だったのだ。

「ＳＭＡＰが解散したことで重石が外れ、がんじがらめの鎖から解き放たれた者たちもいる。その代表格が嵐で、相葉くんや松本くんは後輩たちを堂々と誘えるようになったし、櫻井くんの〝兄貴会〟もメンバーが増えました」（某テレビ局関係者）

しかしそんな中でも、大野智と二宮和也だけは変わらずに〝マイペース〟。

大野は釣り仲間、二宮はゲーム仲間から先に、後輩たちとの交遊関係は広がらなかった。

「それを否定する気は毛頭ありませんが、その〝少数精鋭〟の後輩たちをどう導くか？……が先輩としての貫禄の見せ処。ところが2人とも、あくまでも趣味仲間以上の関係を築こうとはしないのが、外野から見ていて何とも歯がゆい点でしたね」

苦笑いを浮かべながら話すのは、フジテレビ『VS嵐』制作プロデューサー氏。

「〝後輩たちの道標になってあげて欲しい〟とは話したんですけどね。2人とも『後輩は先輩の背中から盗むもの。それが出来なきゃどっちみち成長しない』——と考えているので」(『VS嵐』制作プロデューサー氏)

確かに、間違いなく〝それも正解の一つ〟だろう。

「ところがそんな二宮くんが、Hey! Say! JUMPの山田涼介くんの悩み相談にはずいぶんと乗ってあげているようです。JUMPの番組(『いただきハイジャンプ』)担当者からそのエピソードを聞いて、嵐の活動休止をきっかけに後輩を育てる自覚が芽生えたのか、自分の経験から得た想いや考え方を山田くんに伝えているとか」(同プロデューサー氏)

昨年の夏、およそ20年ぶりとなるジャニーズJr.東京ドームコンサートでSixTONESとSnow Manの同時CDデビューが発表された直後、山田は二宮に——

『バックについてくれた後輩がデビューするのは嬉しいけど、King & Princeだけでも大変なのに、勢いのある後輩が増えるのが怖い。
何をすればいいのか、本気でわからない』

——と、本心を打ち明けたという。

それに対して二宮は——

『自分で考えられる人間になるためには、自分の中に〝これだけは譲れない〟っていう芯を持つことと、その芯を〝自分で裏切らない〟ことが大切なんじゃないかな。流されるだけの人間になりたくなければね』

——と答えたそうだ。

『どれほど勢いのある後輩が現れようと、自分の中にしっかりとした〝芯〟があれば大丈夫、気にすることはない』

——二宮は山田にそう言いたかったのだろう。

「実際にそこまで強い気持ちを持てるようになるまでが大変ですが、しかし山田くんに〝二宮くんが言うなら信じて間違いない〟――と思わせる、その気にさせることが最も大切ですからね」（同氏）

活動休止を発表した昨年の1月以降、いろんな意味で〝最も変わった〟のは二宮和也なのかもしれない。

その観点からも、まるで〝自分自身に告げた言葉〟にも聞こえる――。

## ネガティブな話をポジティブに変える"二宮流テクニック"

『悲しい話とか辛い話は夜にしちゃダメだね。
試しに昼間にしてみなよ？
意外と平気でいられるよ』

二宮和也流ポジティブシンキングの真髄がここにある。ネガティブな話も時や場所、さらにはその時の気候等によっても「相手の受け止め方がまったく違う」と、まるで心理カウンセラーのような話術を使うとか。

「〝さすが〟としか言いようがありませんが、最初に聞いた時は完全に目からウロコでした。それを言うと『**そうかな? それほど大した方法でもないけどね**』——と軽くスカしながらも、ニヤニヤと満更でもなさげにしていました」

二宮和也とは『ニノさん』で数年来のつき合いになる日本テレビ制作ディレクター氏は、その関係の中で、

「去年の後半ぐらいに聞いた、あの話のインパクトが一番だった」

——と明かす。

「スタジオの溜まり(※長机などで設けられた、打ち合わせや休憩用のスペース)で雑談をしていた時、スタッフの一人が〝昨日の夜、別れ話で彼女と揉めた〟と落ち込んでいた。二宮くんも僕も、最初は単なる野次馬根性で話に食いついたんです」(『ニノさん』制作ディレクター氏)

昔から〝他人の不幸は蜜の味〟などと言うが、野次馬にとって何よりも楽しい(?)のは男女間の別れ話と、相場が決まっている。

「そのスタッフくんは他に好きな女性が出来て、今の彼女には誠実に対応してキレイに別れようと思ったらしいんです。それで彼女を自宅に呼んで頭を下げたら、キレて修羅場になったらしく……というか、誰だっていきなり別れ話を切り出されたら怒りますよね」(同ディレクター氏)

ちなみに二宮でもディレクター氏でもない第三者の話ゆえに別れ話の詳細は省くが、それを聞いていた二宮はスタッフくんの肩をポンポンと叩き——

**『別れ話や都合の悪い話、ネガティブな話をする時は——絶対に外しちゃいけないコツがある』**

——と言って立ち上がったそうだ。

二宮はまるで心理カウンセラーのように——

**『悲しい話とか辛い話は夜にしちゃダメだね。**
**試しに昼間にしてみなよ?**
**意外と平気でいられるよ』**

——と、ディレクター氏らに語り始めたという。

『人間は夜になると不安になる、寂しくなる生き物なんだから、
ネガティブな、しかも自分が捨てられる別れ話を切り出されたら取り乱すのが当たり前。

でもこれが夜じゃなく昼、それも太陽が気持ち良いほど降り注ぐ公園のベンチで話してごらんよ。

彼女もきっとその別れ話をポジティブに、

「自分がステップアップするきっかけになるんじゃないか？」――って思うから』

そう言われて、ディレクター氏もスタッフくんも〝そうだったのか！〟と納得するしかなかったそうだ。


いや、実際にはそんな単純な話でもないが、確かに夜から昼に、狭い自室から広々とした公園に場所を移せば、話すほうも聞くほうもまったく正反対の心理状態に置かれることは間違いないだろう。

ネガティブな話を少しでもポジティブな心境に持っていくには、なるほど効果的なテクニックと言えるかもしれない。

まるで心理カウンセラーのような二宮流マル秘テクニック。

いざという時、アナタも使ってみてはいかが？

## 貫き続ける〝嵐の二宮和也〟としてのスタンス

『これだけは断言しておきたいんだけど、
俺は自分ん家《ち》の玄関を出た瞬間から〝嵐の二宮和也〟で、
それは1999年にデビューした日から今までも、
そしてこれからも変わることはない。
俺が嵐を辞める日まで』

結婚したことで〝アイドル〟である二宮和也と〝一人の男〟としての二宮和也と、その境目はどこにあるのか？　――の問いに対する答え。

ファンの皆さんが納得するかどうかはわからないが、しかし彼の中では、間違いない答えは一つに定まっている。

「ニノもズルいよな～。そう言われると〝そうだね〟としか返せないもん（笑）」

いかにも親しげな口調で話すのは、二宮和也とは同世代の売れっ子放送作家氏。〝嵐の長寿番組を担当している〟としか、彼については明かせないことをご了承頂きたい。

「お互いに20代前半、嵐のブレイク時期に知り合って、軽く10年以上のつき合いになります。まだ同世代のスタッフがAD以外にいなかったので、よく2人で『**オッさんのセンスはわかんない**』――などと、現場にいる諸先輩方の陰口を叩いてました（笑）」（放送作家氏）

決して褒められる行状ではないが、二宮にしてみれば不満のガス抜きには丁度いい相手だったのだろう。

そしてそんな関係だからこそ、聞き難いことにもズバッと切り込めたのだ。

「ニノが結婚を発表した直後の収録で、楽屋に〝御祝儀、いる？〟とチャラけて訪ねた時の話です。他のスタッフがピリピリしている空気はニノにも伝わっているようで、『**みんな普通にしてくれよ**』――なんて困り顔でした」（同放送作家氏）

それはそうだろう。正面から「おめでとうございます！」とは言い難いし、かといって非難めいた言葉もかけられない。

だがそれは二宮に限らず、アイドルや俳優など異性人気の高いタレントならば誰だって同じ。

「僕はあえて周りの空気を読まず、長いつき合いの友人が結婚した時のように接しました。でも一つだけ、あくまでも僕の興味本位で聞いてみたいことがあって……」（同氏）

それが冒頭にある、

「結婚したことで〝アイドル〟である二宮和也と〝一人の男〟としての二宮和也と、その境目はどこにあるのか?」

――の問いだった。

「本当に僕の興味なので、明確というか具体的に細かく聞きたかったわけではありません。ニノならどう返すのか、マスコミに流される公式コメントではない本音。それを聞きたかったんです」（同氏）

ほんの一瞬、首を傾げながら考えた二宮は、口を開いてこう答えた――。

『これだけは断言しておきたいんだけど、
俺は自分ん家の玄関を出た瞬間から〝嵐の二宮和也〟で、
それは1999年にデビューした日から今までも、そしてこれからも変わることはない。
俺が嵐を辞める日まで』

「模範解答ではないと思うけど、僕には誠実な回答に聞こえました。仮に『徹子の部屋』で黒柳徹子さんにツッコまれても、ニノはこう答えたでしょう。ニノ流のウイットやヒネりを期待したわけではないけど、まさかストレートを投げ込んでくるとも思ってなかったんですけどね（笑）」（同氏）

二宮和也は、これまでも、これからも何ら変わるところはない。
嵐がある限り、〝嵐の二宮和也〟のまま。
誰に何と言われようと、彼はそのスタンスを貫き続ける――。

二宮和也フレーズ

『そうだな、俺はあえて高い壁を上ったり遠回りしたりせず、
ひたすら壁の前でウロウロして待っている。
ウロウロしていたら、
いつの間にか壁の向こうに通じるドアが現れるから、
あとはドアを開けて進めばいいだけのこと』

クレジットカードのCMで共演したSnow Man目黒蓮へのアドバイス。「来年(※2020年)デビューして壁にぶつかったら、どうすればいいですか?」――への答え。

二宮和也フレーズ

『〝人生は0か100、それがギャンブラーの美学〟
——的な言い方をするけど、
その0か100かは、あくまでも結果のみを指してるよね？
〝負けたら0、勝てば100〟みたいな。
俺はさ、〝結果50〟こそが人生の勝者だと思ってるけどね』

二宮和也の〝結果50〟とは何を意味するのか？ 勝ち負けの真ん中で〝引き分け？〟……のように単純なことでもなさそう。人生は0か100かの勝ち負けではなく、その場面場面で勝つこともあれば負けることもある。〝そのトータルが人生〟ということなのかもしれない。

二宮和也フレーズ

『〝どうなるか？〟ではなく〝どうするか？〟が大切。
どうするかの方法を突き詰めていくことで、
俺はいろんなチャンスを手にすることが出来た。
俺らの仕事に〝どうなるか？〟の傍観者はいらない』

何とか成功しようとその方法を考えていくうち、やり方はもちろんのこと、味方やアドバイザーも増えていく。二宮和也は「クリエイティブの世界に傍観者はいらない。見ているだけの傍観者からは刺激を受けない」――と、なかなか手厳しい。しかしクリエイティブな世界のみならず、〝どうなるか？〟と傍観しているよりも〝どうするか？〟と自ら結果を導き出す努力をするほうが大事だ。

## 二宮和也が抱える〝2つの爆弾〟

二宮和也は〝幻の披露宴〟と〝東京ハワイ二重生活計画〟という、2つの爆弾を抱えている。

「すでに某〝B砲〟でも取り上げられましたが、今年の元日、日比谷にある女子憧れの超一流ホテルで挙式と披露宴を行う予定だったのです。年末ギリギリまでメンバーはもちろん家族にすら知らせず、情報が漏れないように芸能界からの招待客はごく少数。ジャニーズ事務所サイドには二宮に密着していた某動画配信サイトのスタッフから、〝オフレコと言われているけど、さすがにヤバいと思って……〟と密告が入った。密着スタッフには現役のTVマンが多く、天秤にかけてジャニーズ事務所を取ったということでしょう」

耳打ちしてくれたのは、親ジャニーズ事務所派の某局プロデューサー氏だ。

「二宮くんの挙式と披露宴の件がジャニーズ事務所に伝わり、ジュリー景子社長自身が収拾に動いたのは、5大ドーム公演千秋楽の後でした。実際に把握したのは少し前のようですけど、事実上のファイナルツアー中に他のメンバーを動揺させたくない。いくら彼らがプロフェッショナルでも、〝何で大事なツアー中にそんなことが発覚するんだ！　ただでさえ11月に入籍しておいて〟と、コンサート放棄の可能性があったからです」（同プロデューサー氏）

皆さんは覚えておいでだろうか。

昨年の12月16日、櫻井翔と〝2020年用年賀状　受付セレモニー〟のイベントに出席した二宮は、報道陣からの「ご結婚おめでとうございます」の声に足を止めると――

**『ありがとうございます』**

――のひと言の後、およそ8分の間、報道陣からの質疑に答えたことを。

「この異例とも言える即席会見の席で、二宮くんは気になることをいくつか話しました。まずメンバーとの軋轢については『それぞれの思いはあると思いますから、そこは尊重して。〝活動休止まで待って欲しい〟という人も、〝コンサート（ツアー）が終わるまで待って欲しい〟という人も、もちろんいます。自分も歩み寄らないわけじゃなかったですし、ちゃんと歩み寄って、タイミングをご報告させてもらって決断をさせて頂いた』――と認めた上で自分の正当性を主張。さらにツアーで結婚に一切触れない理由を『ライブは特別な場所。我々とファンの方が一緒に夢を見られる空間なので、個人的な報告をするという判断はなかったです』――と、ファンに対してプライベートの報告を直接しない理由を明かしたのです。つまり結婚に対し、〝後ろめたいことはない〟と宣言したに等しい会見でした」（同氏）

この会見は逆に、ジュリー恵子社長に「思い通りにはさせない。わがままは許さない」思いを強くさせたようだ。

「先ほど〝密着スタッフからの密告が入った〟とお話ししましたが、二宮くんはこの会見の直前、結婚式用にウェディング写真を撮影していて、新婦側のご家族だけが同席する姿に密着スタッフも〝さすがに暴走が過ぎる〟と、呆れたのが本音だそうです。結局、紅白リハーサル期間にメンバーにも知らされ、『マジにやめろ！　自分が何しようとしてんのかわかってんのか？』――と、名前は出せませんが、某メンバーに胸ぐらを掴まれ、止めに入らなければ完全に殴られていたといいます」（同氏）

無理もない。結婚を許された所属タレントでも、大々的に披露宴を行ったりウェディング写真が公開されたりするのは〝ファンの最後の夢をぶち壊す〟行為として、原則的に行わないのが〝エチケット〟なのだ。

「2020年の元日に結婚式を行うなど、最後の1年に泥を塗るに等しい行為です。さすがに二宮くんも、強行すれば**〝嵐が即解散させられても仕方がない〟**ことに気づいたのでしょう」(同氏)

新婦とそのご家族は不満だろうが、新郎が〝最悪解雇〟のペナルティーを喰らう可能性が頭をよぎれば、ここは引くしか道はなかったのだ。

そして〝第2の爆弾〟が爆発するとしたら、まさに来年、活動休止に入ってから。

「二宮くんがワイキキにコンドミニアムを探している話は、最初は一昨年ぐらいに噂が流れました。当時は〝何で今さら?〟〝そもそもゲーマーがリゾートに来ても〟などと、誰も本気で取り合っていなかったんですけどね。それが去年の夏を過ぎたあたりから、ハワイのコーディネーターから〝いくつか内見したらしいよ〟と、驚きの情報が寄せられたのです」

こちらについてはフジテレビ『VS嵐』元・構成スタッフ氏に話を聞いてみたい。

「今、僕は海外ネタやロケを扱う番組を担当していて、中でもハワイ有数の実力派コーディネーターと仕事をしています。その彼によると、二宮くんの関係者を名乗る女性が高級物件専用のエステート（不動産屋）を訪ね、いくつか内見して回ったのだと。ただワイキキ周辺で超厳重セキュリティーを備えた物件は限られるので、実際に契約まで話が進んではいないようです」（『VS嵐』元・構成スタッフ氏）

『VS嵐』を担当していた頃、あの『硫黄島からの手紙』ロサンゼルス撮影から戻ってきた二宮は、「アメリカでは生活出来ない」といかにも疲れ切っていたそうで、ハワイの話も「おそらく〝奥様案件〟なのは間違いないと思います」と語る。

「そのコーディネーターが不動産屋に聞いた話では、1年の半分はワイキキで、もう半分を日本で過ごすつもりだとか。さらに〝日本から友人を招きたい〟そうで、ゲストルームを用意出来るコンドミニアムを探していたそうです」（同構成スタッフ氏）

この〝日本からの友人〟には少々心当たりがある。

二宮和也、そして奥さんの最新交友関係についても、話を進めていくとしよう——。

## 謎の存在〝ヒデくん〟

いきなりではあるが、SMAPが解散する数年前あたりから、稲垣吾郎には〝ヒロくん〟という、年上の〝半同棲〟相手の存在が話題になっていた。

「合鍵を渡して自室まで用意した相手。SMAPに少しでも興味を持っていた視聴者の皆さんなら、『SMAP×SMAP』に出演したヒロくんを思い出せるのではないですか? 吾郎ちゃんより一回り以上も年上のオジ様です」

そんな稲垣を見習ったわけではないだろうが、二宮和也にも〝ヒデくん〟という謎の中年男性の存在が囁かれている。こちらも西暦でいえば一回り、学年でいえば一回り以上も年上の共通点が。

「吾郎ちゃんの半同棲とは違い、ニノとヒデくんは都心の超高級マンションの隣同士で暮らしています。ちなみに吾郎ちゃんも、これまでに最も長くつき合った某人気女優と同じマンション内に部屋を借り、それが芸能人カップルの〝マンション内同棲ブーム〟の先駆けになった。しかも吾郎ちゃんもニノも、お互いのグループで演技派として認められている。これはまたさらに共通点が増えましたね（笑）」

日本テレビ『ニノさん』プロデューサー氏のおふざけはそれぐらいにして頂き、ここではこれまでほとんど表に出てこなかった〝ヒデくん〟こと、俳優の西島秀俊との関係について、話を聞いていくとしよう。

「一般的にニノと西島くんは2017年公開の映画『ラストレシピ～麒麟の舌の記憶～』の共演からつき合いが始まったと思われていますが、実はニノが『ラストレシピ』の次に撮入した映画、『検察側の罪人』の木村拓哉くんも2人の関係に一役買っているのです。というか、最初は3人で食事に行ったり、ニノと西島くんが木村くんの家を訪ねたりと、グループ交際（？）のようなステップを踏んでいるんですよね」（『ニノさん』プロデューサー氏）

ご存知の方も多いと思うが、木村と西島といえば、木村がブレイクするきっかけの連ドラ『あすなろ白書』で共演。主人公を演じた筒井道隆と3人は親友の設定で共演した。

1993年10月クールの月9枠で、最高視聴率31．9％、平均視聴率27．0％の大ヒットドラマ。

オンエア時は木村拓哉21才、西島秀俊22才の若さだった。

「もちろんニノも西島くんが『あすなろ白書』に出演していたことを知ってはいましたが、1993年10月は『**俺10才だもん。平日の夜9時なんて、ドラマ見せてもらえなかったわ（笑）**』――だったそうです。やがてジャニーズ事務所に入り、木村くんの出世作ということで『あすなろ白書』を見直した。西島くんと共演した時にその話をしたら、『**あの頃からタッくんはオーラが違った**』――と聞かされ、『**たたたたた、タッくん!?**』……とその呼び方に驚いたと話していました」（同プロデューサー氏）

直系の大先輩であり、ジャニーズ事務所が輩出したスターの〝象徴〟のような木村拓哉が、この時の西島のお陰で「身近に感じた」二宮は、次作の『検察側の罪人』にスムーズに入り込めたという。

「木村くんにその話をしたら、当時は『あすなろ白書』の共演者で呼び方を決めていたらしく、『**でもヒデだけだぜ。いまだに〝タッくん〟って呼ぶのは**』――と照れくさそうにしていたそうです。『検察側の罪人』の撮入前、木村くんとの初共演についての噂が飛び交い、気持ちの面で『**ぶっちゃけ気が重かった**』という二宮くんは『〝**タッくんとヒデ?**〟……**2人ともめっちゃ可愛い**』――と、良い意味でプレッシャーが吹き飛んだとか」（同氏）

なるほど。木村と親密になり、結婚についてのアドバイスを直々にもらえるようになったのも、西島の存在とアシストがあったからだったのか。

しかしそれにしても、賃貸ならともかく隣の部屋を購入するとは。

噂では3億円前後（!）の物件だというではないか。

「そのきっかけというのがニノと西島くんが仲良くなる過程で、当時は交際中だったニノの奥さんと、カップルで西島家のホームパーティーに誘われたのです。西島くんの奥さんはニノよりも年下で、ニノの奥さんより5才ほど若い。そんな2人が意気投合し、ニノの奥さんにとっては、超人気アイドルとの交際における最高の相談相手になった。そのホームパーティーは西島家の新居お披露目でもあったらしく、ニノとは別に西島家に通い出した奥さんが、〝結婚したらあそこに住みたい〟と言い出し、1年ほど前、売りに出ていた隣の部屋を購入したのです」（同氏）

〝なんだそれ？〟とツッコミたくなるぐらい、絵に描いたストーリーではないか。

「奥さん同士で木村家を訪れ、ニノの奥さんが西島くんの奥さんに工藤静香を紹介。超人気者の旦那を持つ3人がどんな話をしているのか？……想像しただけで背筋が寒くなります（苦笑）」（同氏）

間違いなく言えること――それは工藤静香の薫陶を受ければ、二宮家も西島家も〝カカア天下まっしぐら〟ということだ（苦笑）。

## 〝映画俳優・二宮和也〟への転身

それにしても結婚を機に〝嵐を代表する問題児〟化(?)しているようにも思える二宮和也だが、言うまでもなく彼には一流の仕事をこなす義務と責任がある。

それがファンに対する、唯一の贖罪だからだ。

「そんな二宮くんは2010年以降、軸足を連ドラから映画へとシフトしています。その傾向は活動休止以降、さらに強くなるでしょうね」

かつて二宮がTBSテレビで主演した連ドラの担当プロデューサー氏は、

「彼の中では明確に〝映画をやっていきたい〟モチベーションがあり、しかもそれが彼なりに立派に理屈が通っている上、一流に相応しい作品、結果を残しています。だからなかなか、これといった作品じゃないと連ドラには帰ってきてくれません」

――と語る。

「二宮くんが日本アカデミー賞の最優秀主演男優賞を獲得（第39回 2016年）したことをきっかけに、〝名声を得るためには映画のほうがいい。連ドラに主演しても権威ある賞がもらえるわけじゃない……と態度を一変させた〟などと噂する芸能記者がいましたが、それはまるで見当違い。世間的な賞レースの勝利を目指しているなど、僕は聞いたことがありませんし、二宮くんはもともとそんなことに執着するタイプでもありません」（同プロデューサー氏）

先ほど「2010年以降にシフトした」云々の話があったが、嵐がデビューして10年を一つの区切りとすると、Jr.時代を含めて2009年までに二宮がレギュラー出演した連ドラは11本で、ここに同数程度のゲスト出演、スペシャルドラマが加わる。

一方、出演した映画は6本で、この内、嵐全員が出演した作品とシリーズ、わずかなシーンのみに友情出演した作品を除くと2本しか残らない。

2009年までは、それほどまでに連ドラやスペシャルドラマに重心を置いていたのだ。

「これが一気に逆転したのが2010年以降。二宮くんが出演した連ドラは『フリーター、家を買う。』『弱くても勝てます』『ブラックペアン』の3本のみで、スペシャルドラマも5本。一方、映画には2010年の『大奥』から今年10月公開予定の『浅田家！』まで、『ピカンチ』シリーズを除いて10本に出演。平均して年に1本ならば、誰がどう見ても〝映画優先〟の活動内容ですよ」（同氏）

デビュー10年を境にここまで差がつけば、同氏の主張を覆す反論はまったくない。

それにしても二宮のこの変化は、単にジャニーズ事務所のマネジメントが影響しただけなのだろうか。

**『確かに最初は今の社長（ジュリー景子氏）が映画製作に熱心で、**
**俺自身も映画の撮影は自分のスタイルに合っていたことは認める。**
**連ドラの悪口や不満じゃなく、映画はその場でセリフを入れればいいからやり易いんだよ』**

――映画出演についてそう語った二宮。

台本に目を通し、全体的なストーリーを把握して撮影に臨む二宮だが、セリフを完璧に頭の中に入れたり、特別に意識して役作りを行うことはない。

しかし連ドラは回数ごとに起承転結が存在し、可能な限りストーリーに沿った撮影を行うため、共演者に迷惑をかけないためにも、セリフ覚えと役作りは主役の責務でもある。

『でも映画はシーンごとに撮影してストーリーの流れを無視して撮るから、監督の頭の中にしか完成型が見えない。

セリフを覚えず、その場で入れて芝居をした結果、監督からダメ出しをされればやり直せばいい。

自分の実力が出せるのは「映画の撮影現場だな」と気づいてからは、常に新鮮な挑戦者の気持ちで入っていける』

――確かに、ここまでハッキリと映画寄りの発言をされれば、連ドラのオファーは出しずらい。


『それと、これが一番大きな理由なんだけど、テレビはどうしても視聴率に振り回されるから、途中でテコ入れ的な直しが入ることがあるじゃないですか。

それ自体は理解出来るんだけど、演者にしてみれば、それまでの芝居を全否定された気分になるんだよ』

――なるほど。出演している立場からすると、そういう想いになるのも無理はない。

『映画は完成して、そして映画館に足を運んで2,000円近いチケットを買って、
〝観て頂く〟わけですよ。
そんなお客さんに文句を言われたら素直に申し訳ない気持ちになるし、
次は絶対に満足してもらえるようにファイトが沸く。
俺自身が役者をずっと「続けていきたい」モチベーションは、
そういうお客さんによって掻き立てられるんですよね』

言わば視聴率と興行収入、その価値の違いが二宮和也を〝役者〟として成長させてくれるのだろう。

2021年以降、嵐のグループとしてのレギュラー番組は終了する予定だ。個人としての連ドラやスペシャルドラマのオファーをさらに絞れば、年に1本の映画出演と複数のCM出演を合わせても、実働期間は半年にも届くまい。

なるほどこれならば、東京〜ハワイの二重生活も十二分に可能ということになる。

嵐活動休止をきっかけに映画出演に活動の軸足を移し、今まで以上に〝映画俳優・二宮和也〟としての評価を得ることになるのは間違いなさそうだ――。

嵐 ARASHI
未来への希望

*5th Chapter*

# 松本潤

## 未来への希望

Jun Matsumoto

Hope for the Future

## 〝1%の才能と99%の努力〟が作り上げた天才

『よく「集中しろ! 無心でやれ!」ってオジさんたちは言うけど、
無心になろうと思っている時点で〝無心になりたい〟欲が出てるわけで、
それで〝無心になれた〟っていうのは、単に自分に言い聞かせてるだけ。
だから俺は、あえて無心になんかならない。
いろんなことを同時に考えてきたから、
頭の中で交通整理をする癖が身についたんだと思う。
ザ・コツコツマンだよ(笑)』

嵐のコンサート演出をはじめ、クリエイティブな仕掛けを発信する際、その源、または必ず通過するのが松本潤の〝頭脳〟だ。彼の了承がない限り、それが作品として披露されることはない。しかし同時期にいくつもの企画が進行している時、彼の頭の中はどのように働いているのだろう。

「ある意味、答えは二つのうちのどちらかだと思っていました。一つは松本くんが極度のワーカホリックで、すべて自分が仕切らないと気が済まない、そのために仕事を抱え込むのは当たり前だということ。もう一つは特別に器用で、物事を同時進行でこなせる才能があること。結論としてはその両方を兼ね備えているものの、それは才能ではなく〝努力で勝ち取っていた〟――そうなりますね」

日本テレビ『嵐に時間しやがれ』Team MJの一人でもある制作スタッフ氏は、

「僕が知る限り、昨年の秋以降が最も忙しいスケジュールでした」

――という中、松本潤がどのようにすべての仕事をクリアしていったのか、不思議でならなかったと振り返る。

「5大ドームツアーも終盤の山場に差しかかり、新国立競技場コンサートの打ち合わせも本格的に進む中、通常のレギュラー番組に新春特番、さらにはYouTube公式チャンネルを立ち上げ、そちらの配信企画も考えなければならない。松本くんの意見がなければすべて進まない状況で、どうやってこなしていたのかと……」（『嵐に時間しやがれ』Team MJ制作スタッフ氏）

ここ数年、いつも松本のそばにいたスタッフが驚くほどなのだから、我々の想像する〝忙しさ〟とは比べ物にならないのだろう。

するとと当の本人は――

『だって、ちゃんとやらなきゃ偉いオジさんたちに怒られるじゃない』

――笑いながら、こんなセリフを口にしたという。

『よく「集中しろ！ 無心でやれ！」ってオジさんたちは言うけど、
無心になろうと思っている時点で〝無心になりたい〟欲が出てるわけで、
それで〝無心になれた〟っていうのは、単に自分に言い聞かせてるだけ。
だから俺は、あえて無心になんかならない。
いろんなことを同時に考えてきたから、頭の中で交通整理をする癖が身についたんだと思う。
ザ・コツコツマンだよ（笑）』

この言葉を聞いた制作スタッフ氏は松本に——

『器用にすべてをこなさなければ、俺も嵐も生き残ってこられなかった』

——と言われたような気にもなったそうだ。

「僕の知る松本くんはいつも淡々と、涼しい顔で〝やるべきことで結果を出す〟人でした。でも実際にはこれまでの20年でコツコツと結果を出し、その手法を一つずつ自分のものにしてきた。ごく当たり前の努力の積み重ねこそが、彼を作り上げてきたのですね」(同制作スタッフ氏)

まさに〝1%の才能と99%の努力〟が、松本潤という天才を育ててくれたのだ。

## 松本潤が切り開く〝アイドル〟を超えた新たな道

『〝60才とか70才までアイドルをやれるか？〟と言われれば難しいけど、
60才とか70才で「俺ってカッコよくね？」と思える仕事には、
絶対に巡り会えると信じてる。
だから俺はチャレンジをやめないし、
好奇心は無限にでっかく育てたい』

かつて昭和の芸能界には〝女子アナ30才定年説〟よりも短い、〝男性アイドル25才限界説〟があった。十代でデビューした彼らがどれほどの絶頂期にあろうとも、25才の頃には次世代の十代アイドルにその座を奪って代わられたからだ。しかし時は移り、ＳＭＡＰが切り開いた〝30代でもアイドル〟時代。果たして松本潤はそれを、どこまで伸ばしてくれるのだろう。

「松本くんは〝60才、70才までアイドルをやりたい〟と言っていたわけではありませんが、でも内心どこかで『何才までやれるかはチャレンジしたい』――とは思っていたでしょう。口振りは完全にそちらでしたからね」

日本テレビ『嵐にしやがれ』制作プロデューサー氏は、昨年の番組忘年会の席で、松本潤に、

「嵐が休んでる間、ソロでシングルを出すつもりはあるの?」

――と、何気なく尋ねてみたそうだ。

「本当に何の気なしに、ふとそう思っただけなんですよ。嵐が活動を休止する間、音楽でファンを楽しませるとすれば松本くんしかいない。ボーカル面で大野くんがリードしてきたことは言わずもがなですが、でもだからといって〝大野くんがいないなら新曲は出せない〟という話でもないんじゃないかな~と」(『嵐にしやがれ』制作プロデューサー氏)

松本の反応はある程度は予想した通り――

『いやいやいや、リーダーがソロをやるならともかく、俺がソロで勝負する姿が思いつかない』

――と笑ってスルーしたという。

「以前ウチの番組の打ち合わせで〝嵐の名前が使えないなら、4人のユニット名を付ければ番組も継続するんじゃないか〟的なネタも飛び出しましたが、大野くん以外の4人で嵐のレギュラー番組を続けるわけにはいかないし、実際には単なる個別活動、ソロ活動に専念することになるでしょう。そこに松本くんのソロデビューがあってもいいじゃありませんか。かつて山ピーも、NEWSの活動休止期間中に『抱いてセニョリータ』でソロデビューしたんですから」（同制作プロデューサー氏）

しかしなぜこれほどまでにプロデューサー氏は、松本にソロデビューをさせたがっているのか？

それは「SMAPが切り開いた道を上塗りしてこそ、嵐がジャニーズの歴代トップグループになれる」と信じているからだ。

「今でもテレビ界や芸能界では、SMAPが最初に〝30代でもトップアイドルでいられる〟実績を作ったからこそTOKIOやKinKi Kids、そしてV6以下、もちろん嵐も含めて〝30才を超えてもアイドルを職業にすることが出来た〟風潮が強く、言い替えれば〝みんなSMAPのお陰〟という呪縛にひと括りにされているのです」（同氏）

これは正直、何とも言い難い話ではあるが、しかしSMAPが史上初めて〝メンバー全員が30代のトップアイドル〟に君臨したことは、紛れもない事実だろう。

「たとえあらゆる記録で嵐がＳＭＡＰを上回ったとしても、どうしても嵐は〝永遠の2番手〟扱いされてしまう。でも松本くんが〝40代のトップアイドル〟に君臨すれば、ＳＭＡＰの金字塔を打ち崩すことが出来るのではないか」（同氏）

打ち崩す必要があるのかないのかはさておき、当の松本にはそんなつもりはないようだ。

『〝60才とか70才までアイドルをやれるか？〟と言われれば難しいけど、60才とか70才で「俺ってカッコよくね？」と思える仕事には、絶対に巡り会えると信じてる。だから俺はチャレンジをやめないし、好奇心は無限にでっかく育てたい』

おそらく彼は〝アイドルの枠〟など軽く飛び越え、新たな道を切り開いてくれるに違いない。
どう考えてもそちらのほうが、ＭＪこと松本潤らしい選択ではないか――。

## 悩める平野紫耀にかけた言葉

『〝自信〟に根拠なんていらない。
必要なのは〝思い込み〟と、
真っ直ぐに進む〝馬力〟だけなんじゃない？
なまじ自信があると自分の失敗を認めないし、
失敗を認めないと成功もない。
〝思い込み〟〝馬力〟に加えて言うなら、
失敗した時に素直に認める〝謙虚さ〟だよね』

King & Prince平野紫耀に「どうしたら自信をつけることが出来ますか?」と尋ねられ、「そんなの、俺はお前じゃないからわかんねぇよ」と笑い飛ばした松本潤。そしてその返答に動揺する後輩に「一つだけ言えるとしたら……」と続けたのが、このセリフだったのだ。

「あれは今年に入ってすぐの頃でした。ウチ（『VS嵐』）の収録で湾岸スタジオに入っていたら、たまたま平野くんもゲスト出演する番組の収録が被っていたらしく、楽屋に挨拶に来てくれたそうです。しばらく話していたら他のメンバーが所用で席を外し、2人っきりになった瞬間、『〝食いつかれるかと思った〟勢いで悩みを相談された』――と言っていました」

フジテレビ『VS嵐』制作スタッフ氏がタレントクロークに向かっていると、元気な声で「ありがとうございました！」と言いながら、楽屋の内側に向かって深々と頭を下げるKing & Prince平野紫耀の姿が目に入ったという。

「その直後に松本くんが楽屋から出てきて『アイツも2年目？3年目？……まあ、悩みは尽きないよな』――とか言ってニヤニヤしていたので、一体何事かと思いましたよ」（『VS嵐』制作スタッフ氏）

松本潤のその口振りと、明るく元気に挨拶をする平野の姿が結びつかないスタッフ氏だったが、すぐに松本がこう付け加えた――。

『今やキンプリが一番人気なのにさ。
エースの紫耀は「仕事を頂けば頂くほど苦しくて怖くなる」……だなんて、
めちゃめちゃもったいないこと言ってんだぜ』

それから松本はスタッフ氏に、平野との会話の内容、その悩みについて話し始めた。

「去年の夏ぐらいからキンプリは積極的にバラ売りを始めたらしく、休養中の岩橋(玄樹)くんを除き、メンバーは〝グループ活動よりもピン(※一人)の仕事のほうが多い〟状況が続いているそうです。タレントとしてはむしろ喜ばしいことで、**『いつか冠番組を持つまで〝修行〟のつもりで頑張ろう』**――と、グループの連絡網で励まし合っているといいます」(同氏)

ジャニーズ事務所にとってKing & Princeは〝嵐活動休止後のイチオシ〟なのは明らかで、そのためにも簡単に潰れないよう、メンバーがトークやリアクションのスキルを磨くことは必要不可欠。

そんな状況の中で、平野は個人仕事に悩んでいるのだろう。

「平野くんに言わせると**『メンバーの中では特に岸くんと神《じん》、廉、海人の4人。この4人の成長は半端ない!』**そうですが、松本くんも平野くんのあまりの天然ぶりに**『気の毒でツッコめなかった』**と苦笑い。だって〝特にこの4人〟と言われても**『お前以外の全員だろ!』**――ですからね(苦笑)」(同氏)

確かに、自分以外全員なら〝特に〟ではないだろう(苦笑)。

とはいえ、いつも慕ってくれる後輩だけに松本も放っておくことも出来ず――

『ちゃんと話してみろ』

――と声をかけると、平野は、

『収録番組で自分の出演シーンを見ると、手応えを感じていた部分ばかりカットされている』

『何か面白いことを言いたくて考えるけど、スベる怖さのほうが大きくて口に出来ない』

――などと言って肩を落とし、

『どうしたら自分に自信をつけることが出来るのか？……その方法がわかりません。

ウケれば自信がつきますか!?』

――と、まるで雨に濡れた仔犬のような表情ですがりついたそうだ。

これはなかなか、答えるほうにもプレッシャーがかかるが、そこで松本が平野に告げたのが、こんなセリフだった――。


『〝自信〟に根拠なんていらない。

必要なのは〝思い込み〟と、真っ直ぐに進む〝馬力〟だけなんじゃない？

なまじ自信があると自分の失敗を認めないし、失敗を認めないと成功もない。

〝思い込み〟〝馬力〟に加えて言うなら、失敗した時に素直に認める〝謙虚さ〟だよね』

さらに松本は――

『まあ、謙虚さに関しては、お前のことは心配してない。

だから自信だ何だと悩む前に、とりあえず全力で走ってみ？

倒れたってメンバーが寄り添ってくれるんだから』

――と言って、〝ドン！〟と平野の背中を叩いて送り出したという。

そして松本潤は制作スタッフ氏にこう言って笑った――

『だって今はそれぐらいしか出来ないもん。
それにさ、アイツなら心配いらないよ』

――と。

# 熱い男が放つアドバイスという名の〝説教〟？

昨年（2019年）の夏、嵐の後輩にあたる某グループのメンバーが、こんな爆弾発言をしていたことが耳に入ってきた。

『潤くんもいるんだ!?……ごめん、今日は合流するのやめとくわ』

発言の主はCDデビューから10年前後の、ジャニーズ事務所中堅グループに所属する20代のA。

フジテレビの看板ドラマ枠に出演経験があり、当時キャストが発表されると松本潤に呼び出され――

『いいか？ フジテレビの〝月9枠〟というのはだな……』

――と、アドバイスという名のお説教（？）をこんこんと食らったという。

その一件がトラウマになったのか、松本との接触を避けるようになったらしい。

この時も友人の若手俳優から連絡が入り、「三茶（※三軒茶屋）で面白いメンツで飲んでんだけど来ない？」と誘われたものの、その〝面白いメンツ〟の中に松本が含まれていることを知り、態度が一変したというから意外に根が深い。

「本人いわく**『コンサートやライブの演出、ステージングについては素直に潤くんのアドバイスを聞けるけど、芝居については自分にも理想があるので』**――と、自分の求める芝居と松本くんの芝居にギャップがあるようでした。もちろん松本くんを尊敬はしていても、ある部分では関わりたくない。ただ彼のように自分の仕事やスタンスに信念を持ち、なおかつ骨がある若手が現れてくれないと、松本くんたち先輩の刺激にもなりませんからね」

誘いを断った話を本人から打ち明けられたフジテレビのドラマ制作プロデューサー氏は、この一件でますます彼を「気に入った」と続ける。

「だって松本くんも最初に、ウチの月9枠に主演した時は、**『いつか月9の代名詞は木村（拓哉）くんじゃなく〝松本潤〟って言わせてみせますから！』**――なんて、結構生意気なことを言ってましたから（笑）。Aくんの場合は発言の背景は若干違いますが、それでも〝先輩なにするものぞ〟の気持ちは同じ。まだ助演レベルの立ち位置ですが、彼が主役を務める日が楽しみです」（同プロデューサー氏）

ちなみに、こちらのプロデューサー氏は、松本がフジテレビの月9枠に主演した作品にも関わっていたので、松本とA、両者の性格について「だいたいは理解している」とのこと。

それを踏まえた上で、このエピソードを明かしてくれたことをお断りしておきたい。

「最初に松本くんに呼び出された時、Aくんも『潤くん直々に誘ってもらえて嬉しかった』そうです。しかもマネージャーを通さずに連絡が入り、完全に『舞い上がった』――と話していました。通常ジャニーズでは、よほど仲が良い、頻繁に会うような関係でなければ、食事の誘いはマネージャーを介して届きますからね」

頻繁に携帯電話の番号を変えざるを得ないトップアイドルゆえ、メンバー同士でも携帯番号をマメに知らせるケースのほうが少ない。いつもならばスルーする見知らぬ番号の着信を取り、しかもそれが松本からの食事の誘いだったのだから、この時のAが驚いたと同時に嬉しかったのは手に取るようにわかる。

「ところがいざ会ってみると、まさに〝アドバイスという名のお説教〟を延々とされてしまった。ただしそこには、Aくんの〝不用意な発言〟があったんです」

それはAが放った——

『潤くんって、いつの月9が最初なんですか?』

——と、松本に尋ねたセリフだった。

「松本くんが初めて月9枠に出演(※しかも主演)したのは、2010年7月クール『夏の恋は虹色に輝く』でした。しかもこの作品は松本くんのみならず嵐のメンバーが初めて月9枠に出演した、記念すべき作品だったのです」(同プロデューサー氏)

Aの質問のどこが松本の〝お説教〟に繋がったのだろう。

「するとAくんは『俺は2005年に出てるんで、俺のほうが月9枠の先輩ですね』——と、軽い気持ちで返してしまったそうです。そのひと言が松本くんの触れちゃいけない何かを傷つけたのか、『お前、月9枠をなめてんのか?』——と、ガチなトーンのセリフで凄まれてしまった」(同氏)

なるほど。ある意味、Aの〝不遜なひと言〟が松本のお説教スイッチを入れてしまったというわけだ。

「〝トラウマになった〟と本人が言うぐらいですから、泣かされる寸前、あるいは泣かされたかもしれませんね。何でもAくんによると『潤くんの説教でトラウマになった後輩は10人以上いる』そうですよ。これも松本くんの芝居に対する熱い想いの表れでしょうが、説教される後輩の身になるとキツいものがありますよね（苦笑）」（同氏）

ところで松本自身はAに説教をしたことを、どこまで覚えているのだろう？

『う〜ん……何か生意気なことを言ったから、やり込めた覚えはあるけど、何でそうなったのかはあまり覚えてない（苦笑）。まあ、説教する時はとことん説教しなきゃ意味ないから、ガツンとやったと思うよ。俺のことだし』

さすが〝ドSキャラ〟（笑）。

……いや、これも彼の〝熱さ〟ゆえ。

後輩に対しても〝どこまでも熱い男〟、それが松本潤なのだ。

## 〝祝福メッセージ〟を出さない本当の理由

相葉雅紀のエピソードの中に、彼の言葉として――


『芸能人でも普通の生活の中でスマホを使えば、見たくない情報というか噂話が勝手に目に入るじゃん？

「相葉は祝福した、櫻井は大人の対応でコメントを出した。でも大野と松本は今でも激怒している」……みたいなヤツ。

どんな気持ちで書いてるんだろう』

――という一節があるが、そこで私は『相葉マナブ』制作スタッフ氏の、こんな証言も同時に紹介している。

「（前略）つまりあの活動休止会見は、大野くんが主張した解散に対し、二宮くんが〝じゃあ俺の入籍も認めてくれ〟と抵抗した、その末の折衷案から生まれた記者会見だった。その結果、嵐の活動休止のみ発表されて、二宮くんの入籍の発表は見送られた――という裏話があった。だから大野くんと松本くんは、二宮くんに対して〝あの時、納得してくれたんじゃないの？　それなのに何で入籍を強行したの!?〟――の気持ちが強かった」

これらを受け、相葉のセリフが〝ジグソーパズルの最後のピース〟としたが、舞台裏を描いたパズルの絵柄については〝真相は5人にしかわからない〟などとしたため、皆さんをヤキモキさせたに違いない（苦笑）。

松本潤自身が「外（※ジャニーズ事務所関連以外）のスタッフさんとしては、超古参のつき合いだね」とイジれる間柄の売れっ子放送作家氏は、昨年末、2年がかりの5大ドームツアーが終わった数日後、「軽く飲まない?」と真夜中に呼び出されたと明かす。

「彼と食事をする時、最後はだいたい〝その店で締める〟的な会員制バーがあるんですけど、そこに呼び出されました。年末に嵐の松本潤が飲んでる場合じゃないだろ?……のタイミングでしたが、ちょうど紅白のリハーサルと別件の打ち合わせを終えた後らしく、**『だって真っ直ぐ帰りたくなかったんだもん』**――なんて駄々っ子みたいに笑ってましたね」（売れっ子放送作家氏）

松本にもそんな甘えん坊な一面もあったのか。

超古参スタッフの前でだけ見せる表情かもしれないが。

「本当に2～3杯飲んで帰りたかっただけのようでしたが、彼によるとツアーの千秋楽が終わって1週間ぐらいは**『まだ気持ちがツアーの真っ最中なんだよね。だから〝あそこはああしておけばよかった、でもあっちは上手くハマったな〟とか、ずっとぐるぐる考えてる』**――らしく、アドレナリンが止まらずに〝なかなか眠れない〟とのことでした」（同放送作家氏）

嵐のコンサートを演出する重責を担う男の、これが避けられない宿命の一つかもしれない。

するとと松本は自分のほうから――

『それに俺、ニノの件で叩かれてるらしいし。気が小さいから超ビビってんだよね。炎上に』

――とネタ振りのように話したという。

「〝気が小さい〟とか〝ビビってる〟とかも含め、ネタですからね(苦笑)」(同氏)

それはそうだろう。松本がいちいちネットの評判を気に病むはずがないし、それに本心であれば〝叩かれてる〟と自虐ネタにはしないだろう。

「そこで正面から〝実際、どうなの? ニノに対して怒ってるの!?〟と聞いてみたんです」(同氏)

つき合いの長い放送作家氏にストレートにそう尋ねられた松本は――

『マジに言ってる？　マジに聞きたい？』

――と、放送作家氏の様子を窺い、さらに、

『後悔しても知らないよ』

――と思わせぶりに告げた。

「松本くんによると、『嵐の活動休止を決めたのは〝リーダーと俺〟』――で、他の3人は『いろいろと意見は聞いたけど、最終的には俺たちに一任すると言ってくれた』――そうです。そこで『今だから話せるけど』……と前置きして、少し悔しそうに明かしてくれたセリフは印象的でした」（同氏）

あの当時、大野智は――

『嵐を脱退してジャニーズも辞める。
その形なら4人でも活動出来るから』

――と譲らず、一方の松本潤は、

『メンバーが抜けてもグループを続けている後輩たちはいるけど、
嵐は別、そうじゃない。
嵐は5人だから〝嵐〟。
4人では風も吹かせられない』

――と、真っ向から反対。

つまり当初は〝解散〟以外の選択肢がなく、櫻井翔、相葉雅紀、二宮和也の3人は――

**『〝一任する〟と言った以上、俺たちはまな板の上の鯉』**

――と、じっと2人の行方を見守るしかなかったという。

しかし松本が――

**『解散するしかない』**

――と言うと、逆に大野は、

**『これまでついて来てくれたファンは?**
**20年まであとちょっとなのに……』**

――と、むしろ意外な反応を見せたそうだ。

「そこで松本くんは『ぶっちゃけ、リーダーのファン想いに突け込んだ感はあるね』と笑いながら、

**『〝とりあえず休んでみれば？ 休みながら考えてみなよ？〟――と説得して、リーダーと俺でジャニーさんに話を上げた。それが活動休止に傾くまでの流れ』**――だと教えてくれました」（同氏）

あらかたの動きは把握していたのだろう。

松本と大野の気持ちを聞いて――

**『ユーたちの好きにしなよ』**

――と、理解してくれたジャニー喜多川氏だったが、一つだけ〝条件〟を出す。

それが――

**『活動休止のその日まで、5人はファンとの関係を変えないこと』**

具体的には主に〝恋愛をはじめとするスキャンダルの主役にはならない〟など、いくつかの項目で釘を刺されたという。

「嵐の活動休止は、本人と事務所が言い出せば簡単に決まるものではありません。そこにはファンの皆さんにはお見せしたくない〝経済的な〟折衝が山のようにそびえ立っている。ジャニーさんと嵐のスタッフはそのすべてを処理しなければならないので、松本くんと大野くんは〝最善の道を歩ませてくれた〟ジャニーさんには『**感謝してもしきれない**』――と、今でも強く思っているそうです」(同氏)

皆さんはここまでの話で、なぜ松本潤と大野智が〝形だけでも〟祝福のコメントを出せなかったのか、ほとんど勘づかれたのではないだろうか。

**『俺とリーダーにはさ、〝どうしても守らなきゃならない約束〟があったんだよ。**
**その約束を結果的には守れなくなって、形に残るものを出せるはずないじゃん。**
**ジャニーさんが亡くなって、だからこそ絶対に守りたかったのに――』**

2人の想い、どうか汲んで頂きたい――。

## 『アラフェス』延期についての本音

東京都や神奈川県など7都府県に緊急事態宣言発令の1週間後、ジャニーズ事務所公式サイト〝ジャニーズネット〟には、「4月14日追加分」のタイトルで、5月31日までのジャニーズグループ主催公演の中止、延期が発表されたことは皆さんもご承知の通りだろう。

「すでにゴールデンウィークまでの公演中止は発表されていましたが、さらに5月末までとなると、ジャニーズ事務所最大クラスのコンサート、国立競技場での『アラフェス2020』も含まれてくる。ファンが注視していたのはその〝扱い〟で、『アラフェス2020』だけは〝延期〟の告知だったので、ひとまずは胸を撫で下ろした人が多かったでしょう」（スポーツ紙記者）

それまでに発表された公演は一律〝中止〟で、但し書きとして〝延期の場合は改めてお知らせします〟が添えられていた。ジャニーズ事務所がこの手の発表をした場合、事実上〝延期はない〟のも、皆さんはよくご存知だろう。

「嵐の場合、東京オリンピックの延期が決定した後も、自身の去就については一切触れられていません。もしこの『アラフェス2020』が延期ではなく〝中止〟となると、100%年内一杯の活動で休止に入る。ファンは〝東京オリンピックが閉幕するまで活動を続けてくれるはず〟と信じているので、何としても『アラフェス』は〝延期〟に留まって欲しかった」(同スポーツ紙記者氏)

このあたりの話は本書冒頭のプロローグでも触れているが、実は松本潤は親しいテレビ局関係者に――


『『アラフェス』の年内開催と俺たちの活動休止については、出来るだけ別個に受け止めて欲しいんだよね。

もちろんオリンピックの開催延期も含め。

とにかく一度、頭をリセットしてモヤモヤを吹き飛ばして欲しい。

ファンもマスコミも』

――と訴えたという。

話してくれるのは、その当事者でもある日本テレビ『嵐にしやがれ』元担当プロデューサー氏だ。

「今は『嵐にしやがれ』から離れているので、逆に本音を話しやすかったのでしょうね。久々に長電話してしまいました」(『嵐にしやがれ』元担当プロデューサー氏)

昨年(2019年)の12月21日、嵐は新国立競技場のオープニングイベント『〜HELLO, OUR STADIUM〜』にアーティストゲストの1組として登場。スタンド席だけで6万人の観客を前に、『Love so sweet』『Happiness』『A・RA・SHI』『BRAVE』の4曲をパフォーマンスして、久しぶりの国立競技場を楽しんだ。

「実は僕はそのイベントを見に行っていたので、その時から半年後の『アラフェス』を心待ちにしていたんです。事態が事態なので延期はやむを得ませんが、僕もファンの皆さん同様〝延期の目処がいつ頃なのか〟はどうしても気になりますからね」(同プロデューサー氏)

気の置けない間柄の元プロデューサー氏に、『アラフェス』の延期の目途を尋ねられた松本は――

『いつかなんてわかんないし、
それは大箱でコンサートがやれるぐらいまでの、新型コロナの終息が条件なんじゃない？
でも今回の国立は〝競技場〟というか、あまり詳しくは言えないけど、
〝ご指名柿落《こけら》とし〟だから、「嵐じゃなきゃダメだ」と言ってもらえる限りは大丈夫だと思うよ』

そう答えたそうだ。

5月15日16日の2日間で予定されていた『アラフェス2020』は、コンサート以外にオリンピックの〝会場警備リハーサル〟が目的とされていたことは、おそらく皆さんも報道等で目にされているだろう。

スタジアムが超満員になり、フィールドやトラックに選手団、関係者が揃う開会式、閉会式の警備リハーサルは、単独で行えるほど観客を集めることは出来ない。そこで過去15回の国立競技場最多コンサート記録を持つ嵐に、一石二鳥の白羽の矢が立ったのだ。

ちなみに、旧国立競技場で単独コンサートを行ったアーティストは、SMAP（2005年、2006年）、DREAMS COME TRUE（2007年）、嵐（2008年〜2013年）、L'Arc〜en〜Ciel（2012年、2014年）、ももいろクローバーZ（2014年）、AKB48（2014年）の史上6組しかいない。ご覧の通り嵐の公演年度、回数は飛び抜けており、新国立競技場の〝柿落としアーティスト〟に抜擢されるのも至極当然の実績だ。

『オリンピックの開幕前に誰よりも早くコンサートをやらせてもらえるなんて、
それはめちゃめちゃ光栄のひと言でしょ。
でも同時に、これまでには感じたことがないプレッシャーもあって、
同じ国立競技場でも中身は全然違うわけでさ。
どんな演出を使えるのかも、去年からずっと打ち合わせを重ねてきたんだけどね……』

――残念そうに語った松本。

現状、この新型コロナウイルスの感染拡大が止まり、緊急事態宣言が全国的に完全解除されてから、改めて延期日程が決まるとのこと。

「松本くんは『**ここまで来たら、やりたい日もあるんだよな～**』と、何やらすでに内々では候補日程が出されているような口ぶりでした。おそらくですけどそれは、デビュー会見記念日の9月15日か、あるいはデビュー日の11月3日とその前後。しかし11月に入ると野外コンサートは結構寒いので、観客ファーストで9月にやりたいのでは」（同プロデューサー氏）

ちなみに過去15回の国立競技場コンサートは8月下旬から9月上旬、中旬～下旬の間に行われてきたので、理想としては9月15日前後なのではないだろうか。

「オリンピックが延期になったことで、国立競技場も空きますし、同時に嵐のスケジュールも空いたわけで、リハーサルの時間は山ほどある。問題は秋以降のスポーツ競技との兼ね合いですが、松本くんも『嵐はいつでもスタンバイOK』――と言っていたので、後は国立競技場側の対応だけでしょう」(同氏)

だが一つだけ、どうしても気になることがある。

それは『アラフェス2020』だけではなく、多くのスケジュールが飛んでしまった嵐の〝モチベーション〟だ。

『モチベーション?……そんなの売るほどあるよ(笑)。
俺たちデビュー2年目から5~6年目まで、仕事をたくさんしたくても、もらえなかった。
あの頃の気持ちや悔しさ、経験が俺たちの根っ子を作ってくれてるんだから、どんなことがあっても仕事に対するモチベーションだけは消えることはない。
いつでも、最高のステージを見せてやる!』

――自信満々にそう語ってくれた松本潤。

それなら安心して待つとしようか。

松本潤フレーズ

『みんな「とにかく走り出せ！」が正論だと思ってるし、
俺たちも「走り出せ 走り出せ」って歌ってるけど（笑）、
大切なのは走り出す前に、ちゃんと〝歩き方〟を学ぶことだよ』

特に若い頃は根拠のない自信を持ち、暴走しがちな者が多い。松本潤は大勢のジャニーズJr.の前で、「どれほど嫌でも基本の基本を忘れるな」――と説く。

**松本潤フレーズ**

**『今日が理想の一日じゃなくても、明日はその分、期待以上の一日にしよう。俺たちが20年間やってこられたのは、その気持ちを忘れずに前に進めたからだと思う』**

デビュー20周年を迎えた昨年、松本潤がとあるテレビ番組のプロデューサーに語ったセリフ。明日への想い、未来への希望が集約された言葉。

松本潤フレーズ

『嵐の20年で〝最も誇れる勲章〟って何だと思う？
5大ドームツアーの回数や総動員数？
映像化された作品や音楽CDの売り上げ？
……違うよ。
5人がお互いに本音でぶつかり合った月日、
それが俺たちの勲章だよ』

メンバーの人間関係を物語る、松本潤の本心から放たれた美しいセリフ。これ以上、余計な言葉はいらない。

嵐 ARASHI
未来への希望

# エピローグ

2018年7月24日にジャニーズ事務所を中心としたジャニーズグループが発足させた『Johnny's Smile Up! Project』は、それまでにも継続的に行っていた社会貢献、支援活動をより充実させるため、改めて立ち上げられたプロジェクトだった。

「ジャニーズ事務所が本格的に支援活動に乗り出したきっかけは、1997年12月1日に結成した〝J-FRIENDS〟から。1995年1月に発生した阪神淡路大震災の被災地復興支援プロジェクトで、2003年3月までの限定期限とはいえ、この間の活動はファン以外にも広く浸透し、被災地復興の大きな力になりました」

話してくれるのは、ジャニーズ事務所に近い有名放送作家氏。

「その後、新潟県中越地震の災害支援活動を経て、2011年3月11日に発生した東日本大震災の被災地復興支援プロジェクト〝Marching J〟を発足。同時にこの年の6月からは、東日本大震災復興支援イベント『嵐のワクワク学校』がスタートしました。さらに2016年4月から2017年6月までは熊本地震災害支援活動を実施するなど、世界屈指の〝地震発生国〟でもある日本のアーティスト集団として、最高の支援活動を行っていると思います」（有名放送作家氏）

Smile Up! Projectからは〝平成30年7月豪雨〟災害支援活動を開始し、広島県、岡山県、愛媛県の被災地支援活動として〝炊き出し〟を始めると、所属タレント個々もボランティア活動に参加。以降は多岐に渡る支援活動を活発に行っている。

「世間的に知られている支援活動はそのうちの一部で、実際にはファンも驚くほど積極的に活動を続けています。さすがに新型コロナウイルスでは直接的に触れ合う支援活動は出来ませんが、無料ライブ配信やタレント個々からのメッセージは、精神的な支えや励ましになっていることは間違いありません」（同氏）

中でも最も積極的なのは嵐で、本文中にも触れた横浜アリーナからのライブ中継、屋良朝幸が振り付けた手洗い動画『Wash Your Hands』（作詞 松井五郎/作曲 馬飼野康二）を公式にアップ。また『アラフェス2020』の延期が決まった際にはInstagramのアカウントでメッセージを生配信するなど、SNSを最大限活用してファンに語りかけた。

「ジャニーズ事務所がSNSやネット配信を始めた際にはギョーカイ内でも賛否両論真っ二つでしたが、今となっては〝もしあの時に解禁していなかったら……〟と、胸を撫で下ろす関係者が多い」（同氏）

さらに話題になったのは、これまでは自然災害による被災者、被災地支援が主な活動だったが、今回は医療機関への支援物質を贈ったところ。

しかもそのきっかけが、いかにもジャニーズ事務所らしい。

「4月末までに防護服3万3千着、4月末から医療用マスク30万枚、抗菌マスク20万枚を順次調達し、必要な医療機関に届けています。ジャニー喜多川さんが亡くなった時に入院していた日本赤十字医療センターが、テレビ番組で医療物資の不足を報じられたことがきっかけの一つと聞いていますが、最後まで全力を尽くしてくれた赤十字医療センターに対する感謝というか、ジャニーズらしい義理堅さですね」（同氏）

今後は新たに有料の映像配信を始め、一定期間の収益を医療物資の購入費用にあて、継続的に支援を行うとのこと。

「嵐のメンバーも日々、新型コロナウイルスの感染拡大防止のために何が出来るか、必死に考えてくれています。たとえば松本くんは『**メッセージを発することが〝ファンとの繋がりを強くする〟**』――という考え方の持ち主で、いつもそのタイミングを計っていると聞いています。櫻井くんはキャスターとしての立場からも『**ファンの皆さんに正しい認識を持ってもらいたい**』としていて、『**マスコミが危機感を煽るからといって必要以上に怖がるのではなく、正しい知識と認識、そして意識を持って行動すれば大丈夫**』――と、同時に安心感を持たせてもくれています」（同氏）

いつかまた、嵐のメンバーに会えるその日まで――。

ファンの皆さんには寂しい想いをさせてしまっているが、彼らの願いは何よりも皆さんの無事、そして〝笑顔での再会〟に他ならないことを、どうか忘れないで欲しい。

〔著者プロフィール〕
**矢吹たかを**（やぶき・たかを）

学生時代から大手テレビ番組制作会社でアルバイトを始め、数々のバラエティ番組で10年間のキャリアを積んで独立。現在はフリーのディレクター、放送作家として幅広く活躍中。その人脈は若さに似つかわしくないほど広く、直接連絡を取れるテレビ、芸能関係者は優に200人を超えるほど。2020年には映画界への進出も予定されている。

本書では、彼の持つネットワークを通して、嵐と交流のある現場スタッフを中心に取材を敢行。メンバーが語った“生の言葉”と、周辺スタッフから見た彼らの“素顔”を紹介している。

主な著者に『嵐 ～5人の今、そして未来～』（太陽出版）がある。

# 嵐 ―未来への希望―

2020年6月8日　第1刷発行

著　者…………… 矢吹たかを

発行者…………… 籠宮啓輔

発行所…………… 太陽出版
東京都文京区本郷4－1－14　〒113-0033
電話03-3814-0471／FAX03-3814-2366
http://www.taiyoshuppan.net/

デザイン・装丁… 宮島和幸（ケイエム・ファクトリー）

印刷・製本……… 株式会社シナノパブリッシングプレス

ISBN978-4-88469-999-4

嵐 ARASHI

未来への希望

## ◆ 既刊紹介 ◆

---

### 嵐 ARASHI Chronicle 1999→2009

スタッフ嵐［編］　￥1,400円+税

**デビュー当時の“お宝エピソード”や**
**“知られざるエピソード”で振り返る「嵐ヒストリー」**
**側近スタッフだけが知る貴重な5人の素顔を多数収録!**
**――“あの頃の嵐”が超満載!!**

1999　『嵐』5人の誓い　～『デビュー発表イベント』エピソード～
2000　大野クン感激の涙！　～『嵐』結成1周年エピソード～
2001　RADIOSTAR相葉クンの極秘特訓　～相葉クン、初ラジオパーソナリティ番組エピソード～
2002　『嵐』はジャニーズの“イジメられ系”　～『Cの嵐!』番組エピソード～
2003　松本潤&仲間由紀恵“熱愛報道”の真相　～『ごくせん』エピソード～
2004　これで俺も『志村軍団』入りだ！　～『天才!志村どうぶつ園』番組エピソード～
2005　“松潤チェック”に亀梨金田一もKO？　～『金田一少年の事件簿』舞台ウラエピソード～
2006　“『嵐』解散の危機”に、リーダー立つ！　～『木更津キャッツアイ』舞台ウラエピソード～
2007　『華麗なる毒入りプリン』に気をつけろ！　～『花より男子2』撮影エピソード～
2008　『ザッツ・NINOMIYA・エンターテインメント』！　～嵐初『5大ドームツアー』舞台ウラエピソード～
2009　“ジャニーズイチ仲が良いユニット”にライバル出現!!　～“嵐デビュー10周年”エピソード～

---

### 嵐 ARASHI Chronicle 2010→2020

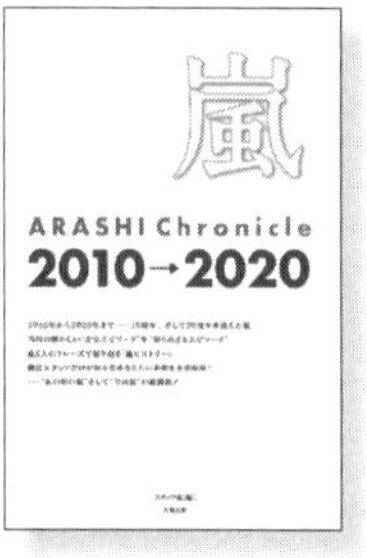


スタッフ嵐［編］　￥1,400円+税

**2010年から2020年まで――**
**当時の“お宝エピソード”や“知られざるエピソード”**
**嵐5人のフレーズで振り返る「嵐ヒストリー」**

2010　相葉クン、目指すは超一流！　～『嵐にしやがれ』舞台ウラエピソード～
2012　嵐デビューに隠されていた“13年目の真実”　～『嵐にしやがれ』オフオフエピソード～
2014　15周年コンサートに懸ける嵐メンバーのアツい想い～ハワイコンサートエピソード～
2016　“SMAP解散”で嵐が背負う責任と期待　～SMAP解散エピソード～
2018　『花晴れ』でキンプリ平野クンへ贈ったメッセージ　～『花のち晴れ～花男Next Season～』エピソード～
2020　“嵐20年間”を振り返った松本クンの心境　～”嵐デビュー20周年“エピソード～

## ◆ 既刊紹介 ◆

### 嵐ノコトバ
### —ARASHI名言集—

スタッフ嵐［編］ ¥1,400円+税

**『何でもいいから自分に言い聞かせる、**
**一歩前に進める言葉を持とうよ。**
**“座右の銘”とか、大袈裟に考えなくていいから。**
**ちょっとした勇気をくれる言葉をさ』**〈松本潤〉

嵐5人の想いが溢れるコトバとその想いを集約！
嵐20年分の想いが詰まった“選りすぐりのフレーズ”を収録!!

**【主な名言】**

◆ 大野智
『弱いのは恥じゃない。
弱さを認めずに強がることのほうが、よっぽど恥ずかしい』

◆ 櫻井翔
『一度挫折した人って、次のチャレンジにやたらと臆病になる。
でも二度挫折をした人は、三度目の挫折も怖くなくなる。
本当に強い人って、そういう道を歩んできた人』

◆ 相葉雅紀
『自分の実力を全部出そうとするから固くなる。
“半分でいいや”と思えば、8割は出せる』

◆ 二宮和也
『誰かのひと言で救われるなら、それは嵐のひと言でありたい』

◆ 松本潤
『昨日思い描いた今日じゃなかったら、明日へ繋がる今日にすればいいんじゃね？
それが向上心ってヤツだよ』

**太陽出版**
〒113-0033
東京都文京区本郷 4-1-14
TEL 03-3814-0471
FAX 03-3814-2366
http://www.taiyoshuppan.net/

◎お申し込みは……
お近くの書店にお申し込み下さい。
直送をご希望の場合は、直接小社宛にお申し込み下さい。
ＦＡＸまたはホームページでもお受けします。